MATZE KNOP

KOCHEN MIT ZWEI LINKEN HÄNDEN

Das ultimative Kochbuch für den untalentierten Anfänger

INHALT

1

ALLES AUF ANFANG

THEORIE

VORAB EIN BISSCHEN
KÜCHENPRAXIS

AUTSCH PLATSCH ZACK

UUUPS ZISCHHHH

2

REZEPTE

AB IN DIE KÜCHE

ZUM NACHSCHLAGEN

 Rezepte mit diesem Symbol sind vegetarisch.

Alles auf Anfang

Als Comedian und Moderator bin ich viel unterwegs und oft gezwungen, mich von Pizza, Chips oder Tankstellenbrötchen mit Analogkäse zu ernähren. Das schmeckt manchmal zwar auch ganz gut, aber zuletzt verspürte ich immer öfter ein Gefühl der Reue, wenn sich die Mayonnaise noch nach drei Tagen aufstoßend bemerkbar machte. Immer öfter verspürte ich den Wunsch, diesen lieblosen Fraß hinter mir zu lassen und endlich wieder zurückzukommen zu Mamas »Essen mit Herz«. Wo die Balkontomaten noch eigene Namen hatten, weil sie über Monate reif gestreichelt wurden. Wo Kartoffeln noch rund und dreckig waren und nicht um einen Stil gedreht wurden und Curly Fries hießen. Ach, was war das herrlich, wenn ich früher mit dem Fahrrad aus der Schule kam und es in der ganzen Straße lecker nach Pfannkuchen, italienischem Gemüseeintopf oder böhmischen Zwetschgenknödeln roch. Außer bei Schmitz, da roch es immer nach Katze.

Ich wollte back to the roots: keine Tüten mehr aufreißen, nicht immer nur einfach irgendeine Dose aufschrauben oder schnell was auftauen. Nein, ich wollte wissen, wie es wirklich geht, und deswegen habe ich mich entschieden, dieses Buch zu schreiben.

Als ich mit dem Kochen anfing – also damals vor etwa zwei Wochen –, mussten natürlich erst mal ein paar besondere Vorkehrungen getroffen werden. Nichts Großes, nur Kleinigkeiten, wie zum Beispiel die Standleitung zu meiner Mama – oder wie ich sie gerne nenne: »Das SEK – das Suppen-Einsatz-Kommando«. Trotzdem stand das THW mit Löschdecke und Sprungtuch einsatzbereit vorm Haus und die Notfallambulanz verlängerte ihre Öffnungszeiten. Sämtliche Pizzadienste hielten die Leitung für mich frei, der Drive-in-Schalter fuhr ab und zu mit einem Happy Meal an meiner Haustür vorbei und ich habe sicherheitshalber meinen Organspendeausweis rausgelegt … Und das alles für zwei Pfannkuchen mit Apfelscheiben und Zucker. Flambiert natürlich, um die Daseinsberechtigung der freiwilligen Feuerwehr zu rechtfertigen.

Inzwischen bin ich doch deutlich erfahrener. Teilweise kann man das, was ich am Herd zustande bringe, sogar essen. Und ich muss wirklich sagen: Kochen macht Spaß. Es entspannt und man kriegt weiche Hände davon, wenn man viel mit Butter und Olivenöl arbeitet. Außerdem hält gutes Essen bekanntlich Leib und Seele zusammen. Und den männlichen Lesern meines Buches, die noch auf der Suche nach einer Essensabschnittspartnerin sind, sei gesagt: Kochen können bringt bei Frauen irrsinnig viele Pluspunkte und lenkt von so manchen männlichen Schwächen ab. Meine Freundin etwa hält mein Fußballgegröle vor dem Fernseher mit einer von mir frisch zubereiteten Riesenportion Eis oder dem Himbeer-Mascarpone-Dings von Seite 178 deutlich besser aus.

In diesem Sinne viel Spaß und guten Appetit!

Dein

VORAB EIN BISSCHEN KÜCHEN- PRAXIS

Du kannst den Mount Everest besteigen, zum Südpol wandern oder für den SPD-Vorsitz kandidieren, um dich deinen Ängsten zu stellen. Aber wie wäre es damit, einfach mal die Toaster-Taste runterzudrücken und dich ins Abenteuer Kochen zu stürzen?

Gut geplant ist halb gekocht

Die richtige Planung ist mit das Wichtigste, wenn man selbst kocht. Für gutes Essen gibt es nämlich keine App. Also, vielleicht gibt es eine, aber ich höre bei so was lieber auf meinen Bauch. Leider sagt der mir vor allem »viel«, weswegen ich mir angewöhnt habe, nur noch dann einkaufen zu gehen, wenn ich schon gegessen habe.

Ich habe früher im Supermarkt oft mehr Kilometer zurückgelegt als ein kenianischer Marathonläufer beim Wintertraining auf den Kloaken. Und wenn ich nach 4 Stunden und 35 Minuten mit halb leerem Einkaufswagen und persönlichem Hungerast endlich an der Supermarktkasse angekommen war, fiel mir meist auf, das ich die Hälfte vom Einkaufszettel vergessen hatte. Zum Glück verriet mir eine kluge Frau namens Mama, dass der Einkaufszettel strategisch sinnvoll geschrieben werden muss. Die Produkte sollten also in der Reihenfolge auf dem Zettel stehen, wie man sie auch im Supermarkt findet. Also: Brot am Anfang, Toilettenpapier am Schluss. Das hat den Vorteil, dass wir Männer uns nicht verlaufen und die Frauen nicht am Tchibo-Regal hängen bleiben. Sonst gibt es statt Abendessen doch nur wieder einen neuen Nasenhaartrimmer oder einen blinkenden USB-Stick.

Wie viel braucht man denn so?

Zielstrebigkeit ist im Supermarkt das A und O. Fokussiere dich ganz auf deine Aufgabe. Lass dich keinesfalls von Sonderangeboten oder gut aussehenden Verkäuferinnen in die Irre leiten und vom Weg abbringen. Für Tiramisu braucht man keine Speckwürfel. Gehe auch nie hungrig einkaufen, da nimmt man immer mehr mit, als man braucht. Und man kauft vieles, das man normalerweise links liegen lassen würde.

»Hände weg« heißt es bei Familienpackungen und Großgebinden, wenn du gerade in ein Mikroapartment eingezogen bist und nicht auf der Küchenspüle schlafen willst. Es sei denn, du heißt mit

Nachnamen Kelly. Deswegen bei Brot, Käse, Joghurt und Aufschnitt eher kleine Portionen einkaufen. Wenn der Einkauf dieser Lebensmittel bequem ins Handschuhfach passt, hast du alles richtig gemacht. Kombi-Kofferraum auf heißt es dagegen für Nudeln, Reis, TK-Gemüse, Tomatendosen oder Salz. Das kann man im Winter notfalls auch zum Streuen verwenden und ist in der Regel ewig haltbar. Das aus dem Himalaja, das mir ein Freund neulich mitgebracht hat, soll sogar Millionen Jahre alt sein.

Obst und Gemüse kaufst du am besten stückweise, auch wenn der Kilopreis dann vielleicht höher ist. Aber wenn du nachher doch wieder die Hälfte wegwerfen musst, relativiert sich der Preisvorteil schnell. Außerdem solltest du Obst und Gemüse im Supermarkt grundsätzlich umdrehen und auf faule Stellen überprüfen. Denn was beim Blind Date in der Klubdisco gilt, gilt auch in der Obst-und-Gemüse-Abteilung: Was nicht knackig aussieht und gut riecht, besser für die Resterampe liegen lassen. Da vor allem aber Aprikosen oftmals im netzumspannten Plastikkörbchen angereist sind, empfiehlt es sich grundsätzlich, mit einem Schweizer Armee-Messer eine kleine Stichprobe zu nehmen. Achtung: nicht erwischen lassen.

An der Fleischtheke dagegen empfehle ich präzise Grammangaben. Drei Handvoll Mett können je nach Fleischfachverkäuferin ein halbes Schwein oder auch nur eine Viertel Frikadelle sein. Man kann übrigens auch ungeniert Kleinstmengen bestellen: 53 Gramm Aufschnitt? Kein Problem. Einfach immer nett lächeln. Dann gibt's für den Nachwuchs meist auch noch »'ne Gerollte« im Stehen. Das mit dem Lächeln klappt übrigens auch am Gemüsestand. Allerdings gibt's da meistens nur eine Möhre aufs Haus.

ERIKA KNOP

Mutter von Matze, so lange sie denken kann. In Kindheitstagen seine persönliche Köchin. Heute seine Beraterin in allen kulinarischen Lebenslagen.

Was ist denn da so drin?

Im Laden die Inhaltsstoffe von verpackten Zutaten zumindest schnell zu überfliegen, kann wichtig werden, wenn der Ehemann an Laktoseintoleranz und der Rauhaardackel an einer Glutenunverträglichkeit leidet. Oder andersherum.

Umgekehrt braucht es solche Speziallebensmittel nicht, wenn man eigentlich alles normal essen kann oder zumindest gelernt hat, seinen Lebensmittelschmerz zu tolerieren. Dadurch spart man auf jeden Fall Kohle. Abgesehen davon schmeckt eine laktosefreie Kokos-Sisal-Hanf-Mandel-Milch von frei laufenden Soja-Hühnern leider manchmal genau so wie sie klingt. Deswegen greife auch ich hin und wieder zur stinknormaler Kuhmilch, wenn ich in meinem Leben mal wieder etwas Abenteuerlust verspüre. Katzen- und Igel-Tests haben nämlich ergeben: Von normaler Frischmilch stirbt man nicht sofort. In diesem Zusammenhang wird doch einiges gerne homogenisiert … äh … ich meinte hochsterilisiert.

9

DEVISE: NICHTS WEGWERFEN!

Apropos Kokos-Sisal-Hanf-Mandel-Milch: Vegetarier oder Veganer und die zugehörigen -innen müssen nicht mehr extra in den Bioladen. Auch im normalen Supermarkt und sogar im Discounter findet man in diesem Segment mittlerweile reichlich Auswahl. Doch Achtung: Nicht alles, was bio heißt oder außen Grün ist, ist auch drinnen heile Pflanzenwelt. Um sicherzugehen, hilft nur ein aufmerksames Studium der Zutatenliste auf der Verpackung. Das Ganze ist nämlich bei Lebensmitteln nicht anders als in der Politik. Schließlich gibt es ja auch Bio-Kampfstoffe, und die sollen auch nicht so gesund sein.

Statt auf Vorrat kaufen: auf Vorrat kochen

Frisch heißt übrigens nicht, dass du jeden Tag im Internet suchen musst, wo gerade Wochenmarkt ist. Der fortgeschrittene Einkäufer denkt einfach heute schon an morgen, gemäß dem Motto »Kauf dir heut ein ganzes Schwein, dann hast du morgen noch ein Bein«. Mit anderen Worten: Am Montag gibt es Wiener Schnitzel und von dem, was überbleibt, macht man am Dienstag zum Beispiel Geschnetzeltes mit Spätzle oder die lecker Scaloppine in Salbeibutter von Seite 141 (die hat mir übrigens Luca Toni morgens um drei in der Küche von Münchens Edelpizzeria H'ugo's beigebracht).

Ökologisches Lebensmittel-Verwerten funktioniert natürlich auch mit Möhren: Donnerstags gibt es die als Rohkostsalat, freitags als Eintopf (so wie meine Mama den schon immer macht – und ich auch, siehe Seite 62) und am Samstag kommt der letzte Rest in den Rührkuchen. Am Sonntag kannst du dann deine Brille wegwerfen, weil du wieder eins a gucken kannst.

Auch gut: vorkochen. Du kannst zum Beispiel an einem Abend die doppelte Menge Reis oder Nudeln kochen und die Hälfte dann am nächsten Tag als Salat oder Suppeneinlage, für einen Auflauf oder ein Wokgericht verwenden. Übrig gebliebene oder schlau auf Vorrat gekochte Pellkartoffeln morgen in Scheiben schnippeln und in der Pfanne braten. Gemüse? Wandert in eine Tortilla oder wird mit heißer Brühe zur Cremesuppe püriert … Schon hast du einmal Kochzeit gespart und dir bleibt mehr Zeit für einen vierwöchigen Kurzurlaub auf den Seychellen.

> *Tüten sparen und Einkaufsbeutel von zu Hause mitbringen. Auch die Rewe-Fangnetze für Obst und Gemüse nicht vergessen. Die funktionieren übrigens auch bei Aldi und Edeka.*

POCH

RASCHEL PLING

Und wie lange hält das dann?

Frisches Obst und Gemüse halten je nach Sorte kürzer oder länger. Kirschen, Salat oder grüne Bohnen bleiben zum Beispiel nur ein paar Tage frisch. Mit einem Kürbis, Äpfeln oder Kartoffeln dagegen kann man schon mal in den Sommerurlaub fahren. Fleisch und Wurst solltest du innerhalb weniger Tage aufbrauchen, Käse dagegen hält länger. Allerdings gibt es auch Sorten, bei denen du aufpassen solltest: Bei Schimmelkäse oder Camembert weiß man oft nicht, ob das der normale Schimmel ist oder ob da schon Schimmel am Schimmel ist.

Fertig Gekochtes bleibt in einer Tupperdose oder mit Folie abgedeckt im Kühlschrank ebenfalls ein paar Tage genießbar. Oder du frierst es gleich in Einzelportionen ein. Dann musst du deine »frisch gekochte Fertigmahlzeit« das nächste Mal nämlich nur noch langsam aufwärmen.

Generell gilt: Essen, das bereits von alleine wegläuft, darf gehen. Ansonsten vertraue deinem Geschmack, deinem Geruchssinn und deinen Augen. Vor allem Milchprodukte halten in der Regel viel länger, als man denkt. Auch wenn der Joghurt laut Deckel bereits sechs Wochen abgelaufen ist: Mach ihn auf, rühr um und probier ihn. Wenn die Milch allerdings als fester Klumpen aus der Verpackung fällt: Nase und Finger weg und maximal als Kopfkissen benutzen.

Dinge, die man immer im Haus haben sollte

Vorratshaltung klingt ja nicht mal mehr nach Mutti, sondern schon nach Oma. Also nach Pökelfleisch, Brechbohnen (würg), Dillgurken und so. Dabei

MAMA-MATZE-TIPP

Den Kühlschrank regelmäßig ausräumen und mit einer Mischung aus je 200 ml Essig und Wasser auswischen. Danach noch mal nur mit Wasser nachwischen.

heißt es eigentlich nur, dass man immer was im Haus haben sollte – für den ganz schnellen Hunger, wenn gerade Monatsende ist – oder der Nachbar mal wieder im Urlaub und das Zutatenschnorren deswegen flachfällt.

In meiner Küche zum Beispiel darf das hier alles nie ausgehen:

— ESSIG & ÖL
— SALZ & PFEFFER (nach Geschmack um andere Gewürze und Kräuter aufstocken, siehe auch Seite 18)
— SENF, KETCHUP & MAYO (wenn sonst überhaupt nichts mehr da ist, kommen die bei mir sogar aufs Brot)
— NUDELN & REIS (davon habe ich sogar verschiedene Sorten im Angebot, sind notfalls auch eine gute Basis fürs Ketchup)
— KARTOFFELN
— Toastbrot (im Tiefkühler, die Scheiben kannst du einzeln direkt im Toaster auftauen)
— TOMATENMARK & -DOSEN
— ZWIEBELN & KNOP-LAUCH
— PARMESAN ODER REIBEKÄSE
— MEHL & TROCKENHEFE (um selbst schnell einen Pizzateig zu kneten, wenn alle Stricke reißen und Telefonleitungen versagen – da kommt nämlich sonst nur noch Wasser, Öl und Salz rein)

KÜHLSCHRANK STATT KIOSK

Was kommt in den Kühlschrank?

Besser als wegwerfen: richtig aufheben und notfalls rechtzeitig einfrieren.

	Ab damit in den Kühl-schrank	Und wohin genau?	Ausnahme	TK
SALAT	√	Gemüseschublade (ohne Plastikverpackung)		–
GEMÜSE	√	Gemüseschublade (ohne Plastikverpackung)	Aubergine, Tomate, Kartoffeln, Paprika und Kürbis	√ (außer rohe Kartoffeln und wasserreiche Sorten)
KRÄUTER	√	Gemüseschublade (am besten in einen Gefrierbeutel stecken, den dann aufpusten – für mehr Luftfeuchtigkeit – und mit so einer bunten Klammer zumachen)		√ (außer Basilikum, das wird matschig)
OBST	√	Gemüseschublade (ohne Plastikverpackung)	Exoten und Zitrusfrüchte	√ (außer wasserreiche Sorten)
MILCH- UND MILCH-PRODUKTE	√	Mittleres Fach (ca. 5 °C)	Butter, die gehört in die Tür, sonst lässt sie sich nicht streichen	– (außer Butter, die kann gut ins Kühlfach)
EIER	√	Türe (ca. 8 °C)		–
KÄSE	√	Oberstes Fach (8–10 °C)		Nur Hartkäse
FLEISCH UND WURST	√	Unterstes Fach (2–3 °C) oder Null-Grad-Schublade		√
FISCH UND SO	√	Null-Grad-Schublade		√
BIER	√	Türe (ca. 8 °C)	Weizenbier, das schmeckt am besten bei ca. 10 °C, also aus dem obersten Fach)	–

SCHNIPP **SCHNAPP**

AUTSCH

Matzes little Helper

Feuerstelle war gestern, heute investieren manche Leute in ihre Küche ja mehr als in den Inhalt ihrer Garage. Scheiß doch auf neue Alufelgen, wenn du dein Ceranfeld vom Wohnzimmer aus per App steuern kannst. Es gibt jetzt sogar schon die ersten Küchen mit Gesichtserkennung. Wenn du schlechte Laune hast, macht dir der Thermomix automatisch einen Gute-Laune-Kokos-Bananen-Shake. Ich fahre jedenfalls nur noch mit dem Linienbus zum Auftritt, dafür hat mein Pürierstab Warp-Antrieb. Wer bisher gerade mal ein Spiegelei gebraten hat, für den tut es am Anfang aber auch die Studentenküche, um die Frau seiner Träume rumzukriegen. Denn im Grunde reichen dazu erst mal …

— ein Herd, egal ob elektrisch, Gas oder Induktion,
— zwei Töpfe – ein großer und ein mittelgroßer (mit Deckeln),
— zwei Pfannen – eine große und eine kleine,
— ein Schneidebrett,
— ein Kochlöffel,
— ein Pfannenwender,
— 1–2 Messer (mehr dazu auf Seite 15),
— und natürlich einen Kühlschrank fürs Bier.

Alles Weitere ist ausbaufähig – wie die Beziehung.

Mit K(n)öpfchen

Die automatischen Küchenmaschinen, die nicht nur kneten, rühren und hacken, sondern auch gleich noch alles fertig kochen, sind nicht so meins. Da wäre ich ja komplett überflüssig. Welcher Mann mag das schon? Ein paar kleine elektrische Helferlein finde ich aber schon ganz gut, die wecken den Lebensmittel-Handwerker in mir.

PÜRIERSTAB
Für alles Verkochte (siehe Seite 21), aber auch für geplante Cremesuppen und Pürees. Dazu gibt's oft

ICH WILL ZU MEINER MAMA!

einen hohen Rührbecher, damit die Küche danach nicht aussieht wie beim Kindergeburtstag von den Wollnys. Ich mach's aber lieber gleich im Kochtopf. Dann muss ich danach nicht so viel spülen. Da bin ich ganz ohne Mamas Hilfe draufgekommen.

Wer mehr für seine Muckis machen will, nimmt die Flotte Lotte in den Arm – nein, das ist nicht die gut aussehende Grauhaarige vom Seniorentreff, sondern eine handbetriebene Passiermühle aus Stahl.

ZERHACKER
Spart Pflaster beim Kräuterschnippeln und die Brille beim Zwiebelschneiden (siehe Seite 15). Außerdem schafft so ein Ding auch ganz harte Nüsse.

MIXER
Für Smoothies und andere Mix-Getränke. Aber Vorsicht: Deckel nicht vergessen, sonst hat die Küchentapete gleich auch noch ein neues Design.

QUIRL
Für alle, die ihren Kuchen gern mit Sahne essen wollen, aber keinen Bock auf Muskelkater haben. Der Teig für den Kuchen lässt sich damit natürlich auch kneten.

WASSERKOCHER
Wie der Name schon sagt: Der Wasserkocher kocht Wasser. Dabei spart er Zeit und Strom. Am besten ein bisschen Wasser im Topf erhitzen und zeitgleich viel Wasser im Wasserkocher. Mal schauen, wer das Rennen gewinnt. Am Ende beides im Topf zusammenkippen.

NICHT NUR FÜR VEGETARIER
Als Kult-Lodda mag ich ja gerne Gemüse, vor allem Junges. Wenn es nur nicht immer so wahnsinnig anstrengend wäre …

SPARSCHÄLER
Was früher auf dem Schulhof eine Beleidigung war: »Ey, du Sparschäler«, gehört heute in der Küche zur Grundausstattung. Zum Beispiel für Paprika, Möhren, Spargel und natürlich für Kartoffeln. Ganz ehrlich, früher hab ich Kartoffeln einfach vorne auf den Akkubohrer gesteckt, eingeschaltet und einen Einwegrasierer drangehalten. Hat man nachher nicht geschmeckt.

Aber der beste Tipp kommt natürlich wieder mal von meiner Mutter. Wahrscheinlich hatte sie Angst, dass ich ohne Fingerkuppen die Touch-ID an meinem Handy nur noch mit der Nasenspitze entsperren kann. Deshalb kommt von ihr der Tipp: die Kartoffelschale vor dem Kochen mit einem kleinen Messer rundherum einzuritzen. Nach dem Kochen die Kartoffeln ins Eisbad kippen und anschließend die Schale mit den Fingern einfach abziehen: Geht wirklich schwuppdiwupp!

KNOBLAUCHPRESSE
Echte Männer legen die Knoblauchzehe einfach auf den Tisch und hauen mit der Faust drauf. Allerdings riechen Küche und Faust danach acht Tage nach orientalischem Hamam. Besser ist da eine Knoblauchpresse, mit der man übrigens auch Weintrauben auspressen kann. Vom Auspressen frischer Honigbienen rate ich jedoch ab.

GEMÜSEHOBEL
Ein tolles Gerät. Ich habe damit in meinem Esszimmer schon das Holz sämtlicher Tischbeine aufgefrischt. In der Küche dagegen eine tolle Hilfe bei der Zubereitung von Gurken- oder Krautsalat.

SALATSCHLEUDER
Lohnt sich zwar nur, wenn du öfter als einmal im Jahr Salat machst, dafür schmeckt der dann auch

nicht mehr wässrig. Für die Low-Budget-Methode legst du die gewaschenen Salatblätter auf ein sauberes Küchenhandtuch, schlägst alle Ecken darüber zusammen und lässt den »Wanderbeutel« dann ein paarmal schwungvoll über dem Kopf kreisen.

Zum Schnippeln

Bis das Kräuterhacken bei dir so cool aussieht wie beim Henssler oder beim Rosin, gehen schon mal drei Tage ins Land. Bis dahin empfehle ich eine Familienpackung Pflaster und selbst gebrannten Schnaps. Nicht zum Trinken, nur zum Desinfizieren.

MESSER
Eigentlich das wichtigste Werkzeug in der Küche. Lieber nur ein oder zwei hochwertige als ein ganzes Sortiment an billigen Messern. Diese schneiden nämlich nicht, sondern zerquetschen nur. Ein Schleifstein sorgt dafür, dass die Klinge dauerhaft scharf bleibt. Gibt's natürlich elektrisch, falls du ein Technikfreak bist.

SCHERE
Die Schere wird in der Küche total unterschätzt, dabei braucht man sie nicht nur zum Tütensuppenaufschneiden. Frische Kräuter lassen sich schnell und einfach damit schneiden. Schnittlauch zum Beispiel rieselt auf diese Art direkt aufs Butterbrot oder in die Suppe. Und es mindert auch die Verletzungsgefahr, zumindest wenn du beim letzten Schnittlauchröllchen stoppst und nicht mit den Fingern weitermachst. Der Trick mit der Schere klappt übrigens auch bei Pizza, Spaghetti oder den Würstchen für die Linsensuppe. Da nehme ich dann aber lieber ein größeres Modell. Deswegen habe ich die Nummer vom THW mit ihrer Hydraulikschere auf der Kurzwahltaste.

TAUCHERBRILLE
Ich habe dreimal in meinem Leben richtig geheult: Als ich mit sechs im Kettenkarussell die Augen zu weit aufgerissen habe, als Deutschland 2002 das WM-Finale gegen Brasilien verloren hat und beim Zubereiten von Zwiebelsuppe. Doch es gibt ja zum Glück Kontaktlinsen. Wahlweise kann man sich auch eine Taucherbrille besorgen – mit oder ohne Schnorchel. Meine Nachbarn von gegenüber denken seitdem, ich würde fürs Apnoetauchen üben.

15

ALLE MANN AN DIE TÖPFE

Von meiner Mutter gab's zusätzlich diese Tipps gegen Kullertränen beim Zwiebelschneiden:

— Einfach am offenen Fenster schnippeln.
— Das Schneidebrett und das Messer vorher mit kaltem Wasser abspülen
— Den Kopf nicht direkt über das Brett halten.
— Einen Schluck Wasser im Mund haben.
— Ein ganz scharfes Messer benutzen, um die Zwiebel wirklich zu schneiden und nicht nur zu zerquetschen.

Mir ist auch noch einer eingefallen: sich so richtig dumm anstellen und Muttern die Zwiebeln zerkleinern lassen.

Was man sonst noch so alles brauchen kann

Diese Dinge kommen in meiner Küche auch noch regelmäßig zum Einsatz:

— Backblech und Auflaufform für alles aus dem Ofen – und natürlich das Muffinblech für die Blueberry-Muffins von Seite 184.
— Nudelholz – alternativ eine Flasche Kräuterlimo. Underberg oder Asbach Uralt gehen auch, dauert aber eventuell etwas länger, wenn du auf jede erfolgreich gezogene Bahn mit dir selbst anstößt.
— Sieb – wenn mal keins da ist, nimm's sportlich und gieße das Wasser durch den angelupften Deckel ab. Für Profisportler: Tennisschläger über die Spüle legen und Kartoffeln oder Knödel damit abfangen. Achtung: Mit Spaghetti und Reis funktioniert diese Methode nicht. Tischtennisschläger ist auch doof. Ich hab's mehrfach ausprobiert.

— Kartoffelstampfer, denn mit dem Pürierstab gibt es statt luftigem Brei unappetitlichen Kleister. Man kann die Knollen auch mit einem Golfschläger stampfen, ich rate zum Putter oder 9er-Eisen. Frikadellen mit dem Eishockeyschläger in die Pfanne zu befördern, empfehle ich jedoch nicht. Dagegen kann man tiefgefrorene Buletten prima als Eishockeypuck benutzen. Dazu mehr im nächsten Buch: Sport mit zwei linken Füßen.
— Ganz viele Topflappen, denn die verbrennen entweder auf dem Herd, liegen voller Tomatensoße im Spülbecken oder müssen mal eben zum Tränentrocknen herhalten, weil die Taucherbrille nicht richtig saß.

Nicht am falschen Ende sparen. Der 600-Euro-Grill nützt nichts, wenn du nachher Putenhälse für 99 Cent draufwirfst. Lieber einen billigen Grill, aber beste Fleischqualität.

KLIMPER
KLIMPER SPAR

Die wichtigsten Garmethoden

Früher kannte ich nur zwei Garmethoden: Mama kocht und Papa steht am Grill. »Dünsten«, das war der Vorgang, wenn ich meine Socken nach dem Fußballspielen zum Trocknen auf die Heizung gelegt habe. Dass es noch viel mehr Methoden gibt, Essen zuzubereiten, war für mich eine sensationelle Erkenntnis. Und die teile ich gerne.

KOCHEN

Dazu kommen Nudeln und Kartoffeln, manchmal auch Gemüse in kochende Flüssigkeit. Im Idealfall schmeckt es zusammen mit dem ganzen Gewürzkrempel danach besser als vorher.

DÜNSTEN

Gemüse, Fisch oder Hähnchenbrust nur kurz in etwas Wein, Brühe, Wasser, Butter oder Öl garen. Gerade so lange, dass sie noch Biss haben und knackig sind. Lothar Matthäus wählt seine Ehefrauen übrigens ausschließlich mit dieser Methode aus.

DÄMPFEN

Auch wenn man nicht Jim Knopf oder Lukas der Lokomotivführer heißt, darf man dämpfen. Gemüse, Fisch oder Fleisch garen dabei nicht direkt in Flüssigkeit, sondern in einem Sieb darüber, also im heißen Dampf. Wichtig: Dabei gehört immer ein Deckel auf den Topf. Ja, das ist wie bei Parship. Nur dass man hier beim Nach-links-Wischen besser aufpassen sollte.

POCHIEREN

Wichtigste Erkenntnis: Fürs Pochieren muss ich nicht zwingend Oliver Pocher anrufen. Stattdessen dürfen Gemüse, Fisch, Geflügel, Klöße und Eier in einem großen Topf mit heißer, aber nicht kochender Flüssigkeit zwanglos herumschwimmen und sanft gar ziehen. Und ich dachte, Garziehen hinterließe fiese Schleifspuren auf dem Küchenboden.

BRATEN

Fürs Kurzbraten brauchst du eine Pfanne, es eignet sich für knackiges Gemüse, für kross gebratenes Fleisch, Frikadellen und Fischfilets. Steaks kommen auch in die Pfanne. Wenn du mit dem Finger draufdrückst und es sich anfühlt wie deine Stirn, ist es »durch«. Ist es etwas härter, etwa so wie deine Nase, »medium«. Und wenn es weich ist wie deine Zunge, ist es »englisch«. Komisch, ich dachte nach den ganzen Mallorca-Urlauben ja, englisch wäre total verbrannt. Ach ja: Manchmal kommt beim (Sonntags-)Braten auch der Backofen zum Einsatz.

SCHMOREN

Dazu wird Fleisch erst scharf angebraten, dann kommt Flüssigkeit dazu und der Deckel obendrauf. Jetzt wird auf dem oder im Herd bei niedrigeren Temperaturen weitergegart – oft mehrere Stunden. So wie beim Gulasch oder beim Sauerbraten.

BACKEN

Beim Backen kannst du dicke Backen machen. Denn hier musst du nicht andauernd umrühren, probieren oder den Deckel suchen. Ofentür zu und fertig wieder rausholen. Gebacken wird entweder direkt auf dem Blech oder in einer Form. Meine Backstars sind Cabanossi-Kuchen, Nudelauflauf und Blueberry-Muffins.

PLATSCH

ZACK

MHHHH

> Wenn tatsächlich alle Stricke reißen und partout nichts funktionieren will, helfen nur noch die drei magischen Worte: Wir überbacken das!

Schluss mit fad!

Essen kann ja so toll ausschauen, wie es will: Wenn Salz fehlt, mag ich's nicht. Nur frisch Verliebte sollten besser die Finger davon lassen. Weiß man ja.

Aber mal im Ernst: Viel mehr als Brathähnchen--Gewürz, Pommes-Gewürz und Hackfleisch-Gewürz braucht man eigentlich nicht. Damit schmeckt sogar das Lachssteak aus dem Tiefkühler fast wie eine Weihnachtsente. Okay, Pfeffer vielleicht noch. Fürs Pfeffersteak. Aber bitte immer frisch gemahlen, sonst taugt er allenfalls als Niespulver.

Retter in der Not, das hat meine Mama mir verraten, sind außerdem Sauce hollandaise und Käse zum Überbacken – und natürlich die flüssige Suppenwürze aus dem eckigen braunen Fläschchen mit dem gelb-roten Etikett.

Kräuter

Früher obligatorisch statt Beileidsblumen fürs Schwein auf dem Schnitzel, heute voll im Trend, weil megagesund. Gibt's für Faule getrocknet in der Dose, sie gedeihen aber auch dann neben Tom der Tomate auf dem Balkon, wenn du zwei blassgrüne Daumen hast. Ein bisschen Wasser benötigen die Kräuter natürlich trotzdem. Erst letzte Woche ist mir ein Topf Bärlauch vertrocknet. Edmund Stoiber würde wohl sagen: »Das Bärlauch ist … äh … ist nun ein Problem-Bärlauch.« Andererseits vertrocknet Bärlauch sowieso irgendwann. Und deshalb pflanze ich munter weiter. Aktuell zum Beispiel schwöre auf einen kleinen länglichen Kräuterkasten mit Schnittlauch, Basilikum und Petersilie.

MAMA-MATZE-TIPP

Kräuter mit eher harten Blättchen, wie Rosmarin, Thymian oder Salbei, dürfen mitkochen, die zarten, wie Basilikum oder Petersilie, kommen erst zum Schluss dazu.

Diese drei Sorten vertragen sich derart gut miteinander, dass sie sogar eigenständig einen Ableger gezeugt haben. Er wächst genau in der Mitte und ich nenne ihn liebevoll: Hanf im Glück.

Eines meiner Topgewürze ist übrigens Oregano – den ich auch getrocknet super finde. Denn damit schmeckt sogar Omas Käsekuchen nach Pizza Quattro Stagioni.

Alleskönner

Tomatenmark und Senf sollten immer im Haus sein. Vor allem Senf ist ein echtes Wundermittel. Man kann ihn aufs Brot schmieren, mit Bratwurst essen, Salat- und Fischsoße damit abschmecken, Rindsrouladen einstreichen und sogar Kinder-T-Shirts fürs BVB-Turnier einfärben. Der Bayern-Fan färbt natürlich besser mit Tomatenmark. Dessen scharfe große Schwester heißt übrigens Harissa und wohnt beim Türken um die Ecke. Echt heiß!

Auch Brühwürfel sind Pflicht, vor allem weil sie so schön lange halten. Auf dem letzten, den ich benutzt habe, stand noch »Made in Atlantis«. Genauso gut: pulverisierte Gemüsebrühe aus dem Glas – mit oder ohne Fleischextrakt. Wie man's mag.

Ach, dass wir Knops alles gerne mit Knoblauch verfeinern, ist natürlich eine alte Familientradition.

Erste Sahne

Butter und Fett sind Geschmacksverstärker, daher nicht an Qualität sparen. Man füllt ja auch keinen Lebertran in einen Ferrari. Für echten Hot Stuff kannst du ein paar getrocknete Chilischoten dazugeben. Je länger sie »reifen«, desto besser.

Auch Kräuterbutter kann man übrigens ganz leicht selbst machen. Dazu die Butter kurz auf die Heizung, wahlweise auch aufs sonnige Fensterbrett oder die heiße Freundin, stellen, bis sie fast zu laufen beginnt – also die Butter, nicht die Freundin. Dann ein paar gehackte Kräuter, winzige Zwiebelwürfel und/oder gepressten Knoblauch hineinrühren und im Kühlschrank wieder fest werden lassen. Oder für irgendwann später mit einem Teelöffel in die Fächer eines Eiswürfelbehälters verteilen und einfrieren. Bei Bedarf kannst du dann Butterwürfelchen für Butterwürfelchen herausdrücken. Zum Braten, fürs Kräuterbaguette oder die Grillkartoffel. Oder zum Kühlen, wenn du dir beim Abschmecken mal wieder die Zunge verbrannt hast.

Die Süßen

Früher gab's Zucker, heute Agavendicksaft, Dattel- und Ahornsirup, Kokosblütenzucker … Schmeckt auch alles süß, aber auch alles ein bisschen anders. Vor allem aber ist es gesünder, zumindest wenn man nicht jeden Tag kiloweise davon löffelt. Zucker sollte, egal in welcher Form, ein Gewürz sein, kein Grundnahrungsmittel. Man braucht das süße Zeug übrigens nicht nur für Nachspeisen und Kuchen. Eine Prise davon gehört auch in die Salatsoße, genauso wie in die echte Tomatensoße alla Mamma Rosetta oder wenn man sich beim Würzen mit der Chili vertan hat (siehe Seite 20).

SOS-Pannenhilfe

Die Suppe ist versalzen

Bevor du sie in die Badewanne kippst und ein aromatisches Solebad nimmst, lieber mit Wasser, Milch oder Sahne strecken. Oder eine geschälte Kartoffel in den Topf geben und weich kochen.

Der Eintopf ist zu flüssig

Weiterkochen lassen oder, wenn der Hunger das nicht zulässt, eine Handvoll feine Haferflocken oder Instant-Kartoffel-Püree unterrühren.

Das Essen ist zu scharf

Die mexikanische Staatsbürgerschaft beantragen oder die Möbel damit abbeizen. Oder einfach etwas Sahne, Milch oder Crème fraîche dazugeben. Je nach Gericht kann auch ein Teelöffel Zucker oder Honig helfen. Auch die Superkartoffel hilft: schälen und mitkochen lassen.

Eine angebrannte Suppe retten

Auf gar keinen Fall umrühren, sonst schmeckt alles scheußlich. Lieber die Suppe in einen neuen Topf gießen, und das Angebrannte großzügig weglassen. Du kannst vor dem Weiterkochen auch noch eine dicke Scheibe Weißbrot dazugeben oder 'ne rohe, geschälte Kartoffel. Die ziehen die Brennstoffe magisch an. Später aber wieder rausfischen.

Und was ist mit dem Topf?

Die Variante meiner Mutter: So viel Wasser einfüllen, dass alles Eingebrannte gut bedeckt ist, ein Päckchen Natron (aus dem Drogeriemarkt) hineinrühren und alles aufkochen. Wenn es kocht, den Herd ausschalten und das Wasser abkühlen lassen. Jetzt lässt sich alles wegschrubben.

Meine Variante: Auf den Balkon stellen, Kohle einfüllen, Rost drüberlegen und als trendigen Outdoor-Grill anpreisen. Gibt jeder Bratwurst garantiert ein rauchiges Aroma.

Das Fleisch ist zu trocken

Nicht mit Soße servieren, sondern in der Soße. Wenn es trockener als trocken ist: Probeweise als Raumentfeuchter in den Keller legen.

Die Soße hat Klümpchen

Durch ein feines Sieb in einen neuen Topf füllen und noch mal aufkochen.

Die Soße ist zu fettig

Küchenpapier drauflegen und die Fettaugen an der Oberfläche aufsaugen. Sich dabei nicht blöd von ihnen anstarren lassen, sondern es einfach mehrmals wiederholen und blöd zurückstarren.

SAUBER BLEIBEN!

Das Gemüse ist verkocht

Am besten als Püree servieren, also mit dem Stab-
mixer richtig klein häckseln und mit etwas Butter
oder Sahne verfeinern. Oder es gibt statt Beilage
eben eine Suppe als Vorspeise. Dafür Brühe zum
Matsch geben, alles pürieren und einen Klecks
Crème fraîche obendrauf. Beim Servieren zur Ver-
tuschung einen französischen Dialekt anschlagen.

Nudeln verkleben beim Kochen

Klare Sache von Flüssigkeitsmangel. Nach dem
Abgießen daher noch mal ein Glas kochendes
Wasser drübergießen. Und das nächste Mal einfach von Anfang an mehr Wasser nehmen: 1 Liter
pro 100 Gramm – und immer wieder mal rühren.

Der Salat ist welk

Wenn der Salat beleidigt die Blätter hängen lässt,
weil du ihn wieder mal im Gemüsefach vergessen
hast, bade ihn einfach ein paar Minuten in Zucker-
wasser. Das funktioniert auch bei vernachlässigten
Freundinnen und Ehefrauen. Hier aber bitte nicht
die zusätzlichen Vanilledufteelichter, Schokoprali-
nen und eventuelle 18-Karat-Schmuckbeigaben
vergessen – je nach Schwere der Tat.

Kuchen lässt sich nicht stürzen

Meistens lässt er sich überzeugen rauszukommen,
wenn du ein feuchtes Küchentuch für fünf Minuten
über die Form legst. Ob es hilft, ein nasses Tuch
fünf Minuten über einen Diktator zu legen, um ihn
zu stürzen, ist nicht geprüft.

Verbrannter Kuchen

Alle dunklen Stellen mit dem Sparschäler abschneiden und dann dick Schokoglasur drüber. Keiner
sieht's, keiner merkt's. Und glasierte Kuchen spre-
chen nicht.

Pudding wird nicht fest

Sahne steif schlagen, unterheben, auslöffeln. Ich
probiere beim nächsten Mal, den einfach kalt werden zu lassen und als Vanille-Shake zu verkaufen.

Klumpen im Pfannkuchenteig

Den Teig durch ein feines Sieb in eine neue Schüssel streichen und noch mal kräftig durchrühren –
dann ab damit in die Pfanne. Weiter als bis auf den
Teller hat es bei mir sowieso noch keiner geschafft.

EASY
PEASY

Matzes Pillepalle-Rezepte

Wenn du jetzt schon total Hunger hast und dringend eine kleine Stärkung brauchst, weil du nicht mal mehr genug Kraft hast, die Seiten in diesem Buch umzublättern, kommen hier meine ganz persönlichen Fitmacher. Ich esse die gerne auf Tour oder unterwegs oder eigentlich immer, wenn's mal schnell gehen, aber trotzdem gesund sein soll.

Der Matze-Waffel-Burger

ALS BASIS
4 Reis- oder Maiswaffeln (möglichst dünn)
Butter
Ziegenfrischkäse (ist magenschonender
als Gouda)
je 3 Salatblätter und Gurkenscheiben

FÜR OBENDRAUF *(wahlweise)*
3 Scheiben Bio-Wildlachs
Brotaufstrich mit Paprika oder Tomate

Drei Reiswaffeln mit Butter und/oder Ziegenkäse bestreichen und anschließend mit je einem Salatblatt, einer Gurkenscheibe und einer Scheibe Lachs belegen. Oder statt Lachs noch Brotaufstrich unters Salatblatt streichen. Waffeln aufeinanderstapeln, eine vierte als »Deckel« drauf – fertig ist der schnelle Burger.

Bei dickeren Reiswaffeln reichen insgesamt drei Scheiben, sonst kriegt man beim Kauen einen Kieferkrampf.

Power-Müsli

½ Apfel (in kleinen Würfeln)
½ Banane (in Scheibchen, natürlich ohne Schale)
1 Handvoll Beerenmix
1 TL Leinsamen
1–2 El Nussmischung (z. B. Walnuss, Mandel, Cashew)
1 EL getrocknete Cranberrys
1 Chashew-Joghurt
Vanille-Mandeldrink (nach Belieben)

Das Obst- und Nussgedöns mit dem Joghurt in eine Schüssel geben, Mandeldrink darübergießen, umrühren. Fertig! Macht fit zum Weiterblättern, ist aber eigentlich mein Knopi-Power-Frühstück. Dazu trinke ich Kaffee mit Hafer- oder Mandelmilch und, wenn's ein harter Tag wird, basischen Kräutertee.

WRAPS

2 Wraps
Tomatenmark aus der Tube
Reibekäse (so 3–4 EL)

Für eine schnelle Pizza Margarita Galopina, wenn's richtig hop, hop gehen muss, zwei Wraps mit Tomatenmark bestreichen, Reibekäse auf einen Wrap streuen, den anderen mit dem Tomatenmark nach unten drauflegen – und ab damit in die Pfanne. Nach 1–2 Min. umdrehen, noch mal genauso lange anbraten, fertig! Den Rest der Wraps kannst du übrigens einfach einfrieren.

AB IN DIE KÜCHE

Schluss mit lustig, ran an den Ball, äh, den Kochlöffel. Jetzt geht's nämlich los mit den Rezepten … Und dreh das Radio runter, denn nur so entgeht dir weder das zarte Zischen noch der süße Schmerz, wenn du dir beim Abschmecken die Zunge verbrennst.

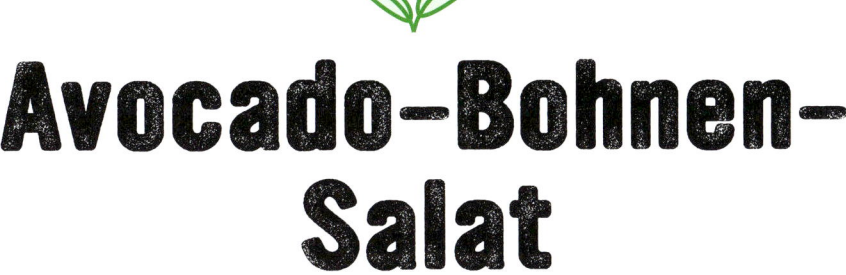

Avocado-Bohnen-Salat

Endlich mal ein veganer Salat zum Satt-Essen –
mit dem ich noch dazu auf jeder Party angeben kann.

ZUBEREITUNGSZEIT: *15 Min.*
+ 10 Min. zum Marinieren
FÜR 2 PERSONEN

1 Glas Artischockenherzen (165 g Ab-
tropfgewicht)
1 Glas weiße Bohnenkerne (255 g Ab-
tropfgewicht)
125 g Datteltomaten
1 rote Zwiebel
1 Bund Petersilie
1 kleine Avocado
2 EL Weißweinessig
½ EL Ahornsirup oder Agavendicksaft
1 Knoblauchzehe
2 EL Olivenöl
Salz
Pfeffer

DIE ARTISCHOCKENHERZEN und die Bohnen nacheinander in ein Sieb gießen, abbrausen und abtropfen lassen. Artischockenherzen je nach Größe ganz lassen oder halbieren.

DIE TOMATEN waschen und halbieren. Zwiebel schälen und in dünne Streifen schneiden. Petersilie abbrausen und trocken schütteln, Blätter abzupfen und nach Belieben ganz lassen oder grob hacken. Avocado halbieren. Die beste Lösung gegen die berüchtigte »Avocadohand«: Die Frucht nicht in der Hand, sondern auf der Arbeitsfläche der Länge nach bis zum Kern aufschneiden. Kern entfernen, das Fruchtfleisch mit einem Löffel herauslösen und grob würfeln. Alle vorbereiteten Zutaten in einer Schüssel mischen.

ESSIG UND AHORNSIRUP oder Agavendicksaft verrühren. Knoblauch schälen und dazupressen, das Olivenöl unterschlagen. Das Dressing mit Salz und Pfeffer würzen, mit den Salatzutaten mischen. Den Salat 5–10 Min. ziehen lassen, dann abschmecken und servieren. Dazu passt Ciabatta sehr gut.

MAMA-MATZE-TIPP

Zum Durchziehen den Stein der Avocado in den Salat legen, dann bleibt die Farbe schöner. Aber nicht vergessen, ihn wieder rauszufischen.

Gebratener Romanasalat

Statt 'nem Ei mal schnell 'nen Salat in die Pfanne zu hauen:
Das hat was und sorgt in der Küche immer wieder für große Augen.

ZUBEREITUNGSZEIT: *20 Min.*
FÜR 2 PERSONEN

1 EL Pinienkerne
1 rote Zwiebel
120 g Brie oder Camembert
120 g Erdbeeren
1 Romana-Salatherz
3 EL Olivenöl
2 EL Aceto balsamico
Salz
Pfeffer
1–2 TL grüne Pfefferkörner
(aus dem Glas)
4 Scheiben Baguette

PINIENKERNE in einer Pfanne ohne Fett hellbraun anrösten und herausnehmen. Die Zwiebel schälen und in dünne Ringe schneiden. Brie oder Camembert – nicht die Finger – in Scheiben schneiden. Die Erdbeeren waschen, putzen und ebenfalls in Scheiben schneiden.

DAS SALATHERZ waschen, längs halbieren und trocken tupfen. In einer Pfanne 1 EL Öl erhitzen, Salathälften darin bei starker Hitze mit der Schnittseite nach unten 1–2 Min. anbraten. Mit dem Essig ablöschen und zugedeckt bei kleiner Hitze 1–2 Min. garen. Salathälften mit Salz und Pfeffer richtig gut würzen.

ERDBEEREN, BRIE oder Camembert, Zwiebel und grüne Pfefferkörner auf zwei Tellern verteilen. Mit dem restlichen Olivenöl beträufeln und mit Salz und Pfeffer würzen. Die Salatherzen darauf anrichten, mit den Pinienkernen bestreuen und mit dem Baguette servieren.

MAMA-MATZE-TIPP

Wer's bitter mag, nimmt statt Romanasalat einfach mal Radicchio und Chicorée. Die müssen allerdings 2–3 Min. länger in der Pfanne garen.

Matjessalat mit grünen Bohnen

*Jeder Matjes ist ein Hering, aber nicht jeder Hering automatisch ein Matjes.
Die besten Matjesheringe kommen übrigens aus Holland –
das ist der Unterschied zwischen Fisch und Fußball.*

ZUBEREITUNGSZEIT: *30 Min.*
FÜR 2 PERSONEN

300 g grüne Bohnen
400 g Kartoffeln (festkochend)
2 Frühlingszwiebeln
1 Apfel
2 Matjesfilet (ca. 100 g)
2 EL Rotweinessig
2 TL Honig
2 EL TK-6-Kräuter-Mischung
2 EL Rapsöl
Salz
Pfeffer

DIE BOHNEN waschen, putzen und in mundgerechte Stücke schneiden. Die Kartoffeln schälen. Erst in etwa 1 cm dicke Scheiben, dann in 1 cm dicke Stäbchen schneiden und die dann würfeln. Die Kartoffelwürfelchen in einen Dämpfeinsatz geben und im Topf über kochendem Wasser zugedeckt 5 Min. dämpfen. Die Bohnen dazugeben und alles weitere 5–7 Min. dämpfen, bis alles gar ist.

INZWISCHEN die beiden Frühlingszwiebeln putzen, waschen und in feine Ringe schneiden. Den Apfel waschen, vierteln und entkernen. Das Fruchtfleisch in dünne Scheiben schneiden, diese dann noch mal halbieren. Das Matjesfilet in mundgerechte Stücke schneiden.

FÜR DAS DRESSING Essig, Honig und Kräuter verrühren, das Öl unterschlagen. Mit Salz und Pfeffer würzen. Die Bohnen und Kartoffeln in ein Sieb abgießen, kalt abschrecken und gut abtropfen lassen. Mit den anderen vorbereiteten Zutaten mischen, das Dressing darübergeben und den Salat mit Salz und Pfeffer abschmecken.

PLITSCH PLATSCH

ARGH

Der Kater vom Hausmeister nebenan frisst Hering, bei seinem Herrchen ist es manchmal genau andersherum: da »frisst« der Hering den Kater. Hat er mir selbst erzählt …

MAMA-MATZE-TIPP

Frischen Matjes immer an dem Tag essen, an dem du ihn gekauft hast. Der aus dem Kühlregal muss, wenn er offen ist, innerhalb von 2–3 Tagen weg.

Glasnudelsalat mit Hack

Asien ist ja ein großes Ding, also in der Küche. Und wie man hier sieht, ist es keine große Sache mitzumischen, also im Salat.

ZUBEREITUNGSZEIT: *25 Min.*
FÜR 2 PERSONEN

100 g Glasnudeln
4 EL Sojasoße
2 EL geröstetes Sesamöl
2 EL Honig
4 EL Zitronensaft
2 EL TK-Ingwer
2 EL Sonnenblumenöl
250 g gemischtes Hackfleisch
1 rote Paprika
2 Möhren
½ Bund Koriandergrün
4 EL Erdnusskerne (ungesalzen)

DIE GLASNUDELN nach Packungsanweisung einweichen und garen. Dann die Nudeln abgießen, kalt abschrecken und abtropfen lassen.

INZWISCHEN für das Dressing Sojasoße, Sesamöl, Honig, Zitronensaft und den Ingwer verrühren. Das Sonnenblumenöl in einer Pfanne erhitzen. Das Hackfleisch darin bei großer Hitze unter Rühren in 4–5 Min. bröselig braten. Das Dressing dazugeben und kurz einkochen lassen. Die Pfanne vom heißen Herd nehmen.

VON DER PAPRIKA die weißen Trennwände und Kerne entfernen, die Hälfte waschen und in feine Streifen schneiden. Die Möhren schälen und mit dem Sparschäler feine Streifen abziehen. Koriander abbrausen und trocken schütteln, die Blätter abzupfen. Das ist Küchenmeditation!

GLASNUDELN MIT PAPRIKA- und Möhrenstreifen, Koriander sowie Erdnüssen mischen. Das Hackfleisch samt Dressing daraufgeben und alles gründlich verrühren.

MAMA-MATZE-TIPP

Zum Hackfleisch-Anbraten muss die Pfanne schön heiß sein, sonst verliert das Fleisch zu viel Wasser und wird grau. Außerdem immer gut durchbraten.

Couscoussalat

*Noch so ein Salat, der immer besser wird, je länger er durchzieht,
und der deshalb am Samstag gut im Kühlschrank warten kann,
weil es beim Fußball mal wieder Verlängerung gibt.*

ZUBEREITUNGSZEIT: *20 Min.*
FÜR 2 PERSONEN

*100 g Couscous (gibt's im Supermarkt
beim Reis)
1 TL gekörnte Gemüsebrühe
1 TL getrockneter Dill
Salz
Pfeffer
1 kleiner Radicchio
2 EL Olivenöl
3 EL Orangensaft
1 EL Weißweinessig
2 TL Honig
100 g kernlose Weintrauben
100 g Räuchertofu
½ Beet Kresse*

DEN COUSCOUS mit gekörnter Brühe und Dill in einer Schüssel mischen, salzen und pfeffern. Mit 180 ml kochendem Wasser übergießen und 8 Min. zugedeckt quellen lassen.

INZWISCHEN den Radicchio waschen, den harten Strunk entfernen, die Blätter in Streifen schneiden. Radicchio in einer Servierschüssel mit 1 EL Olivenöl, dem Orangensaft, Essig, Honig und 1 Prise Salz mischen, mit den Händen genussvoll etwas durchkneten und durchziehen lassen.

DIE WEINTRAUBEN waschen, von den Stielen zupfen und nach Belieben halbieren. Den Räuchertofu würfeln und in einer Pfanne im restlichen Öl rundherum anbraten.

DEN GEQUOLLENEN Couscous etwas auflockern und mit den Weintrauben und dem Tofu zum Radicchio geben. Alles durchrühren und mit Salz und Pfeffer abschmecken. Die Kresse mit einer Schere abschneiden und darüberstreuen.

MAMA-MATZE-TIPP

Sieht man nach dem Einweichen noch Flüssigkeit, mehr Couscous einrühren. Ist der Couscous noch sehr fest, aber alle Brühe weg, etwas davon dazugeben.

Cappelletti-Salat mit Erbsen

Früher gab's Nudelsalat mit Edamer und Gürkchen, heute mit lecker Teigtäschchen, Schafskäse und getrockneten Tomaten. Macht noch genauso satt wie im Partykeller, schmeckt aber viel mehr nach Urlaub.

ZUBEREITUNGSZEIT: *20 Min.*
FÜR 2 PERSONEN

200 g TK-Erbsen
Salz
400 g frische Cappelletti (aus dem Kühlregal, ersatzweise irgendwelche anderen gefüllten Teigwaren)
150 g Hirtensalat (aus dem Kühlregal)
150 g getrocknete Tomaten (in Öl)
2 Handvoll Baby-Blattspinat
2 EL Salatkern-Mix
4 EL Weißweinessig
Pfeffer

IN EINEM TOPF Wasser zum Kochen bringen. Die Erbsen direkt aus dem Tiefkühler hineingeben (Verpackung vorher aufreißen), salzen, aufkochen und 2 Min. kochen lassen. Dann die Cappelletti hinzufügen und nach Packungsanweisung in ca. 4 Min. bissfest garen. Beides in ein Sieb abgießen, kalt abschrecken, abtropfen lassen.

INZWISCHEN den Hirtensalat und die getrockneten Tomaten abtropfen lassen, dabei 1 EL von der Hirtensalatmarinade auffangen. Tomaten klein schneiden. Den Spinat waschen und trocken schleudern.

DIE NUDELN und Erbsen mit dem Hirtensalat, den Tomaten, der aufgefangenen Marinade sowie dem Salatkern-Mix und dem Essig mischen. Mit Salz und Pfeffer würzen. Ganz zum Schluss den Spinat kurz untermischen, dann gleich genießen.

MAMA-MATZE-TIPP

Statt fertigem Hirtensalat einfach jede Menge Oliven (ohne Stein) und gewürfelten Schafskäse (Feta) unter den Salat mischen. Dazu dann noch 2 EL Olivenöl.

Rote-Bete-Salat mit Räucherforelle

*Toller Salat für Krimiabende – nicht nur wegen der Farbe,
sondern weil die Bete auch Stoffe enthalten, die den Blutdruck senken,
der ja gern mal nach oben schießt, wenn's spannend wird.*

ZUBEREITUNGSZEIT: *15 Min.*
FÜR 2 PERSONEN

*1 vorgegarte Rote Bete (ca. 150 g,
vakuumverpackt)
1 x das Joghurt-Meerrettich-Dressing
von Seite 44
Salz
Cayennepfeffer
2 geräucherte Forellenfilets (ca. 120 g,
vakuumverpackt)
½ Beet Kresse*

DIE VORGEGARTE Rote Bete mit Küchenpapier trocken tupfen (vorher aus der Folie nehmen) und erst in 1–1 ½ cm dicke Scheiben, dann in Würfelchen schneiden.

DAS JOGHURT-MEERRETTICH-DRESSING zubereiten und in einer Schüssel mit den Rote-Bete-Würfelchen vermischen. Mit Salz und Cayennepfeffer abschmecken.

DIE FORELLENFILETS mit Küchenpapier trocken tupfen und in mundgerechte Stücke schneiden oder zupfen.

DEN ROTE-BETE-SALAT auf zwei Tellern verteilen und mit den Forellenfiletstücken und der Kresse bestreut servieren.

Was ich an Salat nicht so mag: dass man den immer so gründlich waschen muss. Aber bei dem hier ist das anders. Der kommt nämlich fast ohne Grünzeug aus.

Thai-Reisnudelsalat

Das hier ist ja so ein bisschen die Kleine-Mädchen-Version vom Glasnudelsalat mit Hack von Seite 34: total einfach, kalorienarm und vegan. Mir schmeckt's trotzdem!

ZUBEREITUNGSZEIT: *15 Min.*
FÜR 2 PERSONEN

100 g Reis-Vermicelli (ersatzweise Glasnudeln)
1 rote Zwiebel
1 kleine rote Paprikaschote
1 Bio-Mini-Salatgurke
2 EL geröstete Erdnusskerne (die aus der Dose)
1 Bund Koriandergrün oder Minze
1 EL Öl
ca. 2 EL Limettensaft
1–2 EL helle Sojasoße
2 TL Zucker
½ TL Pul Biber (vom Türken um die Ecke)
Salz

DIE REIS-VERMICELLI nach Packungsanweisung in heißem Wasser einweichen und abtropfen lassen.

DIE ZWIEBEL schälen, halbieren und in möglichst feine Streifen schneiden. Die Paprika halbieren, entkernen, waschen und ebenfalls in feine Streifen schneiden. Die Gurke waschen und in Scheiben schneiden. Die Erdnüsse hacken. Die Kräuter waschen, trocken schütteln, die Blättchen abzupfen.

DAS ÖL mit 1 ½ EL Limettensaft, 1 EL Sojasoße, Zucker und Pul Biber in einer Schüssel verrühren. geschnippelte Zwiebel, Paprika, Gurke, Erdnüsse und Kräuter dazugeben und gut durchmischen.

DIE NUDELN kräftig mit den Händen ausdrücken, ohne sie zu zerquetschen. Auf die gewünschte Länge kürzen und mit dem Gemüse mischen. Zum Schluss den Salat mit Salz, Limettensaft und Sojasoße abschmecken.

MAMA-MATZE-TIPP

Am einfachsten kürzt du die Reis-Vermicelli oder Glasnudeln mit einer Küchenschere.

Linsensalat mit Räuchertofu-Chips

Meine Mama macht die Linsen ja sauer, aber die hier schmecken mir besser.
Vor allem der krosse Räuchertofu statt Knusperspeck on top ist einfach genial.

ZUBEREITUNGSZEIT: *30 Min.*
FÜR 2 PERSONEN

100 g rote Linsen
Salz
100 g fertige Salatmischung
(aus dem Kühlregal)
½ Bund Frühlingszwiebeln
½ grüner Apfel
3 EL Apfelessig
Pfeffer
1 EL Apfeldicksaft (steht im Supermarkt
bei der Marmelade)
50 ml Gemüsebrühe
2 EL kalt gepresstes Rapsöl
100 g Räuchertofu
1 TL Olivenöl
25 g Alfalfa-Sprossen (ersatzweise
1 Schachtel Kresse)

DIE LINSEN in kochendes Salzwasser geben und bei milder Hitze zugedeckt 7–8 Min. garen. Dann in ein Sieb abgießen, kalt abschrecken und sehr gut abtropfen lassen.

INZWISCHEN die Salatmischung verlesen, in einem Sieb abbrausen und trocken schleudern. Die Frühlingszwiebeln putzen, waschen und das Weiße und Hellgrüne in Ringe schneiden. Den halben Apfel waschen, vierteln, entkernen und quer in dünne Scheiben schneiden.

DEN ESSIG mit Salz, Pfeffer, Apfeldicksaft, Brühe und Rapsöl in einer kleinen Schüssel verquirlen. Die Salatmischung auf zwei Teller verteilen. Linsen, Frühlingszwiebeln und Apfel mischen und obendrauf setzen. MIt Vinaigrette beträufeln.

DEN TOFU trocken tupfen und quer in sehr dünne Scheiben schneiden. Das Olivenöl in einer beschichteten Pfanne erhitzen und die Tofuscheiben darin bei mittlerer bis starker Hitze auf beiden Seiten in ca. 2 Min. goldbraun braten. Herausnehmen und auf dem Salat anrichten. Die Alfalfa-Sprossen kurz abbrausen, abtropfen lassen und zum Schluss darüberstreuen (Kresse kann man einfach so abschnippeln und drüberstreuen).

MAMA-MATZE-TIPP

Rote Linsen sind super, weil man sie vor dem Kochen nicht einweichen muss. Aber Vorsicht, sie werden schnell matschig. Daher zwischendurch probieren.

Ruck-zuck- und-trotzdem-lecker- Salatsoßen

Diese vier Dressings passen so gut wie zu allem.
Alle sind für 2 Personen und keine dauert länger als 2 Minuten.

Balsamico-Vinaigrette

3 EL Aceto balsamico in einem Schüsselchen mit
4 EL Olivenöl und ½ TL mittelscharfem Senf gründ-
lich verrühren. 1 Knoblauchzehe schälen, durch die
Presse drücken oder fein hacken und unterrühren.
Mit Salz, Pfeffer und etwas Zucker abschmecken.
Passt gut zu grünem Salat und Rucola.

Joghurt-Meerrettich-Dressing

3 EL Crème fraîche mit je 2 EL frisch gepresstem
Orangen- und Zitronensaft und 1 TL geriebenem
Meerrettich (aus dem Glas) in einer kleinen Schüs-
sel verrühren. Mit Salz, Cayennepfeffer und ein
bisschen Zucker abschmecken.
Passt gut zu Rote Bete oder Radicchio.

Honig-Senf-Dressing

1 Knoblauchzehe schälen und in ein Schälchen
pressen. Mit 2 EL Rotweinessig, 2 EL Rapsöl,
1 EL Dijonsenf, 1 EL Honig und ½ TL Salz fein
pürieren. Mit Salz und Pfeffer abschmecken.
Passt zu allen Blattsalaten sowie zu Feldsalat mit
Tomaten, Paprikaschoten, Salatgurken, Mais, ge-
bratenen Pilzen, gekochtem Ei oder Speck.

Kürbiskern-Balsamico-Dressing

1 kleine (oder ½ normal große) Knoblauchzehe
schälen und in ein Schüsselchen pressen. Mit
2 EL Aceto balsamico, 2 EL Rapsöl, 1 EL Kürbis-
kernöl, 1 TL körnigem Senf, 2 TL Honig und etwa
½ TL Salz fein pürieren. Mit Pfeffer abschmecken.
Passt zu allen gemischten Salaten und zu Nudel-
oder Linsensalat.

ZICK
ZICK ZACK

Minestrone mit Tortelloni

So schnell gab's nicht mal früher was hinter, äh, auf die Löffel. Man muss das Gemüse nämlich nicht schnippeln, sondern nur aus der TK-Tüte schütteln.

ZUBEREITUNGSZEIT: *15 Min.*
FÜR 2 PERSONEN

2 EL Olivenöl
1 Zwiebel
300 g italienisches TK-Pfannengemüse
(z. B. Möhren, grüne Bohnen,
Zucchini, Brokkoli, Paprika)
2 TL Tomatenmark
1 TL getrockneter Oregano
600 ml Gemüsebrühe
12 Kirschtomaten
2 Stängel Basilikum
40 g Parmesan
250 g Tortelloni mit Spinat und Ricotta
(aus dem Kühlregal)
Salz
Pfeffer

DAS ÖL in einem Topf erhitzen. Die Zwiebel schälen, klein würfeln und im heißen Öl glasig dünsten. Das Tiefkühl-Gemüse in den Topf geben, Tomatenmark und Oregano unterrühren, kurz anbraten. Die Brühe dazugießen, aufkochen und zugedeckt bei mittlerer Hitze 5–7 Min. garen.

INZWISCHEN die Kirschtomaten waschen und halbieren. Das Basilikum abbrausen, trocken schütteln, die Blätter abzupfen und fein schneiden. Den Käse raspeln. Vorsicht, Finger!

TORTELLONI und Tomaten in die heiße Suppe geben, leicht aufkochen und alles in 2–3 Min. bei mittlerer Hitze fertig garen. Die Suppe mit Salz und Pfeffer würzen. Auf einem tiefen Teller anrichten und mit Basilikum und Käse bestreut servieren.

MAMA-MATZE-TIPP

Mit weißen Bohnen oder Kichererbsen aus der Dose (250–265 g Abtropfgewicht) wird's ein Eintopf. Die Hülsenfrüchte dazu mit den Tortelloni in den Topf geben.

MAMA MIA OLÉ!

Bohneneintopf

Der ist so richtige Muttiküche – schön deftig und fleischig!

ZUBEREITUNGSZEIT: *30 Min.*
FÜR 2 PERSONEN

300 g Kartoffeln (festkochend oder
vorwiegend festkochend)
500 ml Hühnerbrühe
(ersatzweise Gemüsebrühe)
1 Packung TK-Suppengrün
1 Glas dicke Bohnen
(ca. 215 g Abtropfgewicht)
1 Mettendchen (westfälische Mettwurst,
ersatzweise je nach Region eine andere
schnittfeste Mettwurst)
200 g TK-Brechbohnen
1 EL Weißweinessig
Salz
Pfeffer
2 TL Honig

DIE KARTOFFELN schälen, waschen, grob würfeln und mit der Hühnerbrühe und dem Suppengrün in einem Topf zum Kochen bringen. Zugedeckt bei kleiner Hitze 8 Min. köcheln lassen.

INZWISCHEN die dicken Bohnen in ein Sieb abgießen, abbrausen und abtropfen lassen. Das Mettendchen in dünne Scheiben schneiden.

DIE DICKEN BOHNEN, die gefrorenen Brechbohnen und die Wurstscheiben in die Suppe geben. Alles erneut aufkochen, dann wieder zugedeckt bei kleiner Hitze 10 Min. köcheln lassen. Den Bohneneintopf mit Weißweinessig, Salz, Pfeffer und Honig abschmecken.

SCHLÜRF

SCHLÜRF

Dass es Suppen überhaupt geben muss, habe ich als Kind nie verstanden: »Man kann das Nudelwasser doch einfach abschütten, außerdem HABE ich doch schon was zu trinken!«

Mie-Nudelsuppe mit Garnelen

Hier zeigt sich: Bist ein Mie oder ein Mimimie?

ZUBEREITUNGSZEIT: *20 Min.*
FÜR 2 PERSONEN

2 EL Gemüsebrühe (instant)
2 EL gelbe Currypaste
2 EL Mango-Chutney
150 g Kirschtomaten
160 g Mie-Nudeln (aus dem Asialaden)
150 g Garnelen (geschält, aus dem Kühlregal oder aufgetaute TK-Ware)
4 Frühlingszwiebeln
Salz
1 EL Zitronensaft
4 Stängel Basilikum

IN EINEM TOPF 700 ml Wasser mit Gemüsebrühe, Currypaste und Mango-Chutney zum Kochen bringen. Tomaten waschen, eventuell halbieren und mit den Nudeln in den Topf geben. Die Suppe zugedeckt bei kleiner bis mittlerer Hitze ca. 3 Min. köcheln lassen.

DIE GARNELEN abbrausen, trocken tupfen und in die Suppe geben. Alles bei kleiner Hitze noch ca. 3 Min. ziehen lassen, bis die Mie-Nudeln bissfest und die Garnelen gar sind. Inzwischen die Frühlingszwiebeln putzen, waschen und in feine Ringe schneiden.

DIE NUDELSUPPE mit Salz und Zitronensaft abschmecken. Frühlingszwiebeln in die Suppe geben. Basilikumblätter von den Stängeln zupfen, eventuell noch ein bisschen kleiner rupfen und unter die Suppe rühren.

MAMA-MATZE-TIPP

Zum Auftauen TK-Shrimps kalt abbrausen und 2–3 Std. in den Kühlschrank geben. Mikrowelle? Lieber nicht! Sonst werden sie beim Garen trocken.

Kartoffel-Spargel-Suppe

Damit kannst du jede Schwiegermutti um den kleinen Finger wickeln.

ZUBEREITUNGSZEIT: *30 Min.*
FÜR 2 PERSONEN

*2 große Kartoffeln (ca. 300 g;
vorwiegend festkochend)
2 TL Gemüsebrühe (instant)
100 g TK-Suppengemüse
8 Stangen grüner Spargel
2 EL Kräuterbutter
4 Scheiben Graved Lachs (ca. 60 g,
ersatzweise Räucherlachs)
4 EL Frischkäse
4 TL Zitronensaft
Salz
Pfeffer*

DIE KARTOFFELN schälen und in relativ kleine Würfel schneiden. Mit 250 ml Wasser, Instantbrühe und Suppengemüse zum Kochen bringen und alles zugedeckt bei kleiner bis mittlerer Hitze ungefähr 10 Min. köcheln lassen.

DEN SPARGEL waschen, das untere holzige Ende abschneiden und wegwerfen. Was von den Stangen übrig bleibt, halbieren. Die unteren Hälften klein schneiden, nach 5 Min. in die Suppe geben und mitgaren.

DIE OBEREN SPARGELHÄLFTEN in mundgerechte Stücke schneiden und mit ½ EL Kräuterbutter und 2 EL des Suppenfond in eine Pfanne geben. Erhitzen und zugedeckt in 3–4 Min. bissfest dünsten, dann vom Herd nehmen.

LACHS IN STREIFEN schneiden oder in Stücke zupfen. Frischkäse, die restliche Kräuterbutter und 2 TL Zitronensaft in die Suppe geben. Alles mit dem Pürierstab möglichst fein pürieren. Suppe mit Salz, Pfeffer und dem übrigen Zitronensaft abschmecken. Zum Schluss die Spargelstücke und den Lachs in die Suppe geben.

MAMA-MATZE-TIPP

Frischer Spargel muss quietschen, wenn man die Stangen leicht aneinanderreibt. Die Stangen sollten schön fest und an den Enden nicht vertrocknet sein.

Gemüseeintopf mit Croûtons

*Brot zur Suppe kann man sich sparen, schließlich gibt's doch
Brot in der Suppe. Wer braucht da noch Fleischeinlage?*

ZUBEREITUNGSZEIT: *25 Min.*
FÜR 2 PERSONEN

2 Kartoffeln (ca. 200 g; festkochend)
1 Zwiebel
1 EL Öl
500 ml Gemüsebrühe
300 g TK-Suppengemüse
2 Scheiben Roggenbrot
2 EL Butter
1 Knoblauchzehe
1 EL TK-Petersilie
Salz
Pfeffer

DIE KARTOFFELN schälen und in mundgerechte Stücke schneiden. Die Zwiebel schälen und fein würfeln.

DAS ÖL in einem Topf erhitzen und die Zwiebelwürfel darin andünsten. Kartoffeln dazugeben und kurz mitdünsten. Die Brühe dazugießen und aufkochen. Alles insgesamt ca. 15 Min. bei schwacher Hitze köcheln lassen, dabei nach 5 Min. das TK-Gemüse dazugeben.

INZWISCHEN das Brot grob würfeln. Die Butter in einer Pfanne erhitzen und das Brot darin bei schwacher Hitze rundherum goldbraun braten. Den Knoblauch schälen, in Streifen schneiden und kurz mitbraten. Die Croûtons auf Küchenpapier abtropfen lassen.

DIE PETERSILIE zum Eintopf geben und alles mit Salz und Pfeffer abschmecken. Die Croûtons auf tiefe Teller verteilen. Die Suppe daraufgeben und sofort servieren.

MAMA-MATZE-TIPP

Für mehr Croûtons die Brotwürfel auf ein Blech mit Backpapier geben, mit Olivenöl beträufeln und bei 150° 10–15 Min. im heißen Backofen backen.

Linsensuppe mit Würstchen

Wer diese Suppe einmal selbst gekocht hat, greift nie mehr zur Dose. Wetten?

ZUBEREITUNGSZEIT: *20 Min.*
+ 50 Min. zum Garen
+ 12 Std. zum Einweichen
FÜR 2 PERSONEN

150 g Tellerlinsen
2 Zwiebeln
4 Kartoffeln (vorwiegend festkochend)
1 Bund Suppengrün
50 g durchwachsener Speck
1–2 Pimentkörner
1 l Gemüse- oder Hühnerbrühe
Salz
Pfeffer
1–2 EL Weißweinessig
4 Wiener Würstchen
1 EL TK-Petersilie

DIE LINSEN über Nacht in reichlich kaltem Wasser einweichen. Am nächsten Tag die Zwiebeln schälen und in kleine Würfel schneiden. Die Kartoffeln schälen und in ca. 1 cm große Würfel schneiden. Das Suppengrün putzen, waschen bzw. schälen und ca. 1 cm groß würfeln. Den Speck ebenfalls würfeln, die Pimentkörner mit einem schweren Messer andrücken. Das ist der Supertrick, damit ihr Aroma besser rüberkommt.

IN EINER BESCHICHTETEN Pfanne den Speck auslassen. Zwiebeln dazugeben und andünsten, dann das Suppengrün hinzufügen und ca. 2 Min. mitdünsten. Die eingeweichten Linsen in ein Sieb abgießen, abtropfen lassen und unterrühren. Die Brühe dazugießen und alles mit Salz und Pfeffer würzen. Ca. 30 Min. kochen lassen, die Kartoffeln hinzufügen und alles noch ca. 20 Min. kochen.

WENN DIE LINSEN und Kartoffeln weich sind, die Hitze reduzieren und die Suppe mit Essig abschmecken. Die Würstchen, nach Belieben ganz oder in Scheiben geschnitten, dazugeben und ca. 3 Min. erhitzen. Ganz zum Schluss noch die Petersilie über die Suppe streuen.

MAMA-MATZE-TIPP

Aufgewärmt schmeckt die Suppe fast noch besser. Für den großen Hunger: Mit den Würstchen noch Spätzle aus dem Kühlregal im Eintopf warm machen.

Gulaschsuppe mit Paprika

Gibt es in langen Nächten eigentlich was Besseres als die gute alte Gulaschsuppe? Eben! Aber bitte nie wieder aus der Dose.

ZUBEREITUNGSZEIT: *60 Min.*
FÜR 2 PERSONEN

250 g Rindfleisch (aus der Schulter)
1 rote Zwiebel
1 Knoblauchzehe
je 1 rote und gelbe Paprikaschote
2 Kartoffeln (vorwiegend festkochend)
2 EL Olivenöl
1–2 EL Tomatenmark
1 TL rosenscharfes Paprikapulver
abgeriebene Schale und Saft
von ½ Bio-Zitrone
Salz
Pfeffer
400 ml Fleischbrühe
2 EL TK-Petersilie

DAS FLEISCH in ca. 3 cm große Würfel schneiden. Zwiebel und Knoblauch schälen und würfeln. Paprikaschoten längs vierteln und putzen, also Trennwände und Kerne entfernen. Die Viertel waschen und in grobe Würfel schneiden. Die Kartoffeln schälen und ebenfalls in Würfel schneiden.

DAS ÖL in einem großen Topf erhitzen, Zwiebel, Knoblauch und Fleisch darin unter Rühren anbraten. Das Tomatenmark unterrühren. Die Paprikawürfel dazugeben und kurz mitbraten. Das Paprikapulver und die Zitronenschale hinzufügen. Mit Zitronensaft, Salz und Pfeffer würzen und die Brühe dazugießen.

DIE SUPPE zugedeckt ca. 45 Min. kochen lassen. Nach ca. 20 Min. Garzeit die Kartoffelwürfel untermischen. Die Gulaschsuppe abschmecken und mit der Petersilie bestreuen. Gleich essen oder auf kleiner Flamme warm halten, bis die Flamme auch am Tisch sitzt.

MAMA-MATZE-TIPP

Diese Suppe ist ideal für eine große (Party-)Runde, denn die Mengen lassen sich 1 : 1 verdoppeln oder verdreifachen. Prima warm halten lässt sie sich auch.

Kokos-Curry-Suppe mit Hähnchen

Wenn ich's wegen einem spannenden Spiel nicht zum Thailänder am Eck schaffe, mach ich mir zum Feierabend gern diesen Aromaknüller mit Schärfe-Kick.

ZUBEREITUNGSZEIT: *15 Min.*
FÜR 2 PERSONEN

500 ml Hühnerbrühe
200 ml ungesüßte Kokosmilch (aus der Dose)
2 TL rote Thai-Currypaste (aus dem Asia-Laden)
2 Stängel Zitronengras (gibt's auch da)
1 Stück frischer Ingwer (ca. 3 cm)
1 rote Chilischote
200 g Hähnchenbrustfilet
150 g TK-Erbsen
150 g Shiitakepilze (ersatzweise braune Champignons)
3 Stängel Koriandergrün
2–3 EL Fischsoße (wieder vom Aisaten)
Salz

MAMA-MATZE-TIPP

Wer kein Fleisch isst, kann das Hähnchenfilet durch dieselbe Menge rohe, geschälte Garnelen (küchenfertig) oder durch gewürfelten Tofu ersetzen.

IN EINEM TOPF die Brühe mit Kokosmilch und Currypaste unter gelegentlichem Rühren zum Kochen bringen.

INZWISCHEN das Zitronengras putzen, nur die unteren 10 cm verwenden, die äußeren Hüllblätter entfernen und das Innere mit einem Brett oder profimäßig mit einem Plattierer flach drücken. Den Ingwer schälen und in dünne Scheiben schneiden. Chilischote waschen. Zitronengras, Ingwer und Chili in die Suppe geben und bei schwacher Hitze ca. 3 Min. mitkochen lassen.

INZWISCHEN das Hähnchenbrustfilet waschen, trocken tupfen und in feine Streifen schneiden. Die Erbsen antauen lassen. Von den Shiitakepilzen die Stiele entfernen, die Pilzkappen trocken abreiben und je nach Größe halbieren oder vierteln. Hähnchen, Pilze und Erbsen in die Suppe geben und ca. 5 Min. bei mittlerer Hitze mitkochen lassen.

DAS KORIANDERGRÜN waschen, trocken schütteln, die Blatter abzupfen. Die Suppe mit Fischsoße würzen und nach Belieben salzen. In tiefen Tellern oder Suppenschalen anrichten und mit dem Koriandergrün bestreut servieren.

Möhreneintopf

Also den macht Mutti, seit ich denken kann – und er schmeckt wirklich immer.

ZUBEREITUNGSZEIT: *40 Min.*
FÜR 2 PERSONEN

300 g Möhren
2 Kartoffeln (ca. 200 g; vorwiegend
festkochend oder festkochend)
1 Zwiebel
1 EL Margarine
1 Brühwürfel für fette Brühe
Salz
Flüssige Suppenwürze
4 Wiener Würstchen
(oder 200 g Fleischwurst)
1 EL TK-Petersilie

DIE MÖHREN putzen, schälen und klein schneiden. Die Kartoffeln und die Zwiebel ebenfalls schälen und in Würfel schneiden. Die Margarine in einem Topf erhitzen und das Gemüse darin leicht andünsten, bis es glasig wird.

½ L WASSER und den Fette-Brühe-Würfel hinzugeben. Alles gut umrühren und einmal aufkochen lassen, dann bei mittlerer Hitze die Möhren- und Kartoffelstückchen in 20 Min. weich garen. Zwischendurch immer wieder umrühren, damit nichts anbrennt, und eventuell etwas Wasser angießen.

DEN EINTOPF mit Salz und Suppenwürze abschmecken. Würstchen (oder Fleischwurst in Scheiben) zum Eintopf geben und 5 Min. darin warm werden lassen. Auf zwei tiefe Teller verteilen und mit der Petersilie bestreuen.

ORIGINAL MAMA-REZEPT

Bohnen-Tomaten-Suppe

*Ich liebe Bohnen – noch dazu, wenn wie hier reichlich Oregano dafür sorgt,
dass nicht jedes Böhnchen in der Suppe auch ein Tönchen erzeugt.*

ZUBEREITUNGSZEIT: *15 Min.*
FÜR 2 PERSONEN

4 Frühlingszwiebeln
1 Knoblauchzehe
1 EL Olivenöl
1 Dose weiße Bohnen
(Abtropfgewicht 240 g)
1 Dose geschälte Tomaten (400 g)
200 ml Gemüsebrühe
1 EL Aceto balsamico
3–4 Prisen getrockneter Oregano
Salz
Cayennepfeffer
1–2 Prisen Zucker

DIE FRÜHLINGSZWIEBELN waschen, putzen und quer in feine Ringe schneiden. Die Knoblauchzehe schälen und durch die Presse drücken oder superfein hacken.

OLIVENÖL in einem Topf erhitzen. Die Frühlingszwiebeln und den Knoblauch darin bei mittlerer Hitze unter Rühren 1–2 Min. andünsten.

DIE BOHNEN in ein Sieb abgießen, kurz mit kaltem Wasser abbrausen und mit den Tomaten samt Saft in den Topf geben.

DIE GEMÜSEBRÜHE angießen und die Tomaten mit einer Gabel grob zerkleinern. Alles 6–8 Min. bei mittlerer Hitze köcheln lassen.

DIE SUPPE mit dem Pürierstab fein pürieren. Mit Aceto balsamico, Oregano, Salz, Cayennepfeffer und Zucker abschmecken.

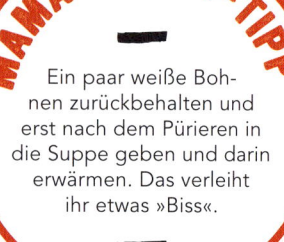

MAMA-MATZE-TIPP

Ein paar weiße Bohnen zurückbehalten und erst nach dem Pürieren in die Suppe geben und darin erwärmen. Das verleiht ihr etwas »Biss«.

Schinken-Spiegelei-Ecke

*Das ist mal ein Brötchen! Wenn ich abends lang weg war
und am nächsten Tag ausschlafen kann, gönne ich mir
das gerne auch mal als »Ausnahmsweise-Frühstück«.*

ZUBEREITUNGSZEIT: *15 Min.*
FÜR 2 PERSONEN

1 EL Öl
2 Eier (Größe M)
*2 Handvoll fertige Salatmischung
(aus dem Kühlregal)*
2 EL körniger Senf
2 EL Schmand
*2 Laugenecken (nach Belieben mit
Mohn, Sesam oder Körnern)*
*2 EL Zwiebel-Relish (ersatzweise
Zwiebel-Chutney oder -Konfitüre)*
*100 g Rindersaftschinken (in Scheiben,
ersatzweise Roastbeef)*
2 EL Silberzwiebeln (aus dem Glas)

ÖL IN EINER beschichteten Pfanne erhitzen. Darin die Eier bei mittlerer Hitze in ca. 2 Min. zu Spiegeleiern braten, wenden und die zweite Seite ebenfalls 2–3 Min. braten. »Sunny side down« nennt man das. Die Pfanne vom Herd nehmen.

SALAT WASCHEN und trocken schleudern, Senf und Schmand verrühren. Die Laugenecken aufschneiden und alle vier Hälften mit dem Senf-Schmand-Mix bestreichen. Jeweils die untere Hälfte mit Salat und Zwiebel-Relish belegen.

DIE SCHINKENSCHEIBEN zusammenfalten und auf dem Salat und dem Relish auslegen, dann mit dem Spiegelei toppen. Silberzwiebeln in die oberen Hälften der Laugenecken drücken und diese auf die unteren Hälften legen, leicht andrücken, mmh!

MAMA-MATZE-TIPP

Beim Spiegelei-Braten die Temperatur nicht zu heiß drehen, sonst ist das Eiweiß schon schwarz, während der Dotter noch immer vor sich hin glibbert.

Caesar-Pizza

Treffen sich ein Caesar-Salat und eine Pizza. Sagt die Pizza: Amore mio!
Sagt der Salat: Ti amo. Und was mach ich deutscher Rüpel?
Ich mach einfach schnapp. Ciao, bella!

ZUBEREITUNGSZEIT: *15 Min.*
+ 20 Min. zum Backen
FÜR 2 PERSONEN

100 g Frischkäse
2 EL Zitronensaft
2 EL Worcestersoße
1 EL Honig
1 Knoblauchzehe
Salz
Pfeffer
2 große Scheiben Bruschetta-Brot
(je ca. 100 g und ca. 20 × 30 cm)
200 g Hähnchenbrustfilet
2 EL Olivenöl
6 Sardellenfilets (in Öl eingelegt)
8 Blätter Römersalatherz (ersatzweise
1 Handvoll fertige Salatmischung)
100 g Kirschtomaten
60 g Parmesan

Wer keine Bruschetta bekommt, schneidet von einem Kastenweißbrot vorsichtig der Länge nach 1–2 cm dicke Scheiben.

DEN BACKOFEN auf 200° vorheizen. Den Ofenrost mit Backpapier auslegen. Den Frischkäse mit Zitronensaft, Worcestersoße (was hab ich mich immer verhaspelt, bis mir mal jemand gesagt hat, dass man die »Wustersoße« ausspricht) und dem Honig verrühren. Knoblauch schälen und dazupressen. Die Käsecreme mit Salz und Pfeffer abschmecken und auf die Brote streichen.

DAS HÄHNCHENBRUSTFILET abbrausen, trocken tupfen und in möglichst dünne Streifen schneiden. Mit Salz und Pfeffer würzen, mit Olivenöl vermengen und auf den Broten verteilen. Die Sardellenfilets abtropfen lassen, halbieren und ebenfalls auf die Brote geben. Brote auf den Rost legen und im Ofen (Mitte) 15 Min. backen.

DIE SALATBLÄTTER waschen, trocken tupfen und in dünne Streifen schneiden. Die Tomaten waschen und halbieren. Den Parmesan in Späne hobeln.

DEN BACKOFENGRILL dazuschalten und die Brote noch 3–5 Min. weiterbacken, bis die Oberfläche leicht gebräunt ist. Dann die Brote aus dem Ofen nehmen, Salat, Tomaten und Parmesan darauf verteilen und die Caesar-Pizza sofort genießen.

Bayrische Tofusemmel

Die kommt das nächste Mal mit ins Stadion, wenn der FCB spielt.
Dann ist zumindest kulinarisch ein Volltreffer garantiert.

ZUBEREITUNGSZEIT: *15 Min.*
FÜR 2 STÜCK

1 Zwiebel
200 g Räuchertofu
1 EL heller Essig (z. B. Kräuteressig)
1 EL Ahornsirup oder Agavendicksaft
1 TL edelsüßes Paprikapulver
Kräutersalz
1 EL Öl
Pfeffer
1 kleine Tomate
2 Kaisersemmeln (Brötchen)
2 EL süßer Senf
100 g Krautsalat (aus dem Kühlregal)

DIE ZWIEBEL schälen und klein würfeln. Den Tofu horizontal halbieren, sodass zwei dünne Scheiben entstehen. Essig, Ahornsirup oder Agavendicksaft und Paprikapulver verrühren und mit Kräutersalz kräftig abschmecken.

ÖL IN EINER PFANNE erhitzen. Tofuscheiben und Zwiebelwürfel darin kräftig anbraten, bis alles gut gebräunt ist. Die angerührte Würzmischung über den Tofu träufeln und die Scheiben noch kurz weiterbraten. Mit Kräutersalz und Pfeffer kräftig würzen. Die Pfanne vom Herd nehmen.

DIE TOMATE waschen und in dünne Scheiben schneiden, dabei den Stielansatz entfernen. Die Brötchen aufschneiden und auf den Schnittflächen dick mit Senf bestreichen.

DIE UNTEREN Brötchenhälften zunächst mit den Tomatenscheiben belegen, dann den Krautsalat darauf verteilen. Tofuscheiben darauflegen und die Zwiebeln darauf verteilen. Die oberen Brötchenhälften daraufsetzen und leicht andrücken.

JA MEI TOFU HALT

> *Früher dachte ich ja wirklich, Tofu wird aus alten Pappendeckeln gemacht. Dabei braucht er nur etwas Liebe und ordentlich Würze, so wie hier. Dann schmeckt's richtig lecker.*

MAMA-MATZE-TIPP

Tofu erst in Küchen-
papier wickeln, zwi-
schen zwei Brotzeitbrett-
chen legen und mit einer
großen Tomatendose
beschweren. So verliert
er Wasser.

Feta-Thunfisch-Wraps

Die gefüllte Rolle hat echt was auf dem Kasten: Thunfisch fürs Herz, Schafskäse für die Knochen und jede Menge Vitamine. Da soll doch noch mal einer sagen, Fast Food wäre ungesund.

ZUBEREITUNGSZEIT: *25 Min.*
FÜR 2 PERSONEN

½ Dose Thunfisch (im eigenen Saft, 130 g Abtropfgewicht)
50 g Schafskäse (Feta)
1 TL Weißweinessig
1 TL Olivenöl
1 TL Honig
1 TL TK-6-Kräuter-Mischung
1 Prise gemahlener Kreuzkümmel
1 Prise rosenscharfes Paprikapulver
Salz
Pfeffer
½ kleine Paprika (gelb oder orange)
½ Handvoll fertige Salatmischung (aus dem Kühlregal)
2 weiche Weizentortillas (22–25 cm Ø)
2 TL Honigsenf

DEN THUNFISCH in einem Sieb abtropfen lassen. Den Schafskäse nicht zu fein mit den Fingern zerbröckeln. Beides mit Essig, Öl, Honig, Kräutern, Kreuzkümmel und dem Paprikapulver mischen. Mit Salz und viel Pfeffer würzen.

VON DER PAPRIKA die weißen Trennwände und Kerne entfernen, das Fruchtfleisch waschen und in dünne Streifen schneiden. Den Salat waschen und trocken schleudern.

IN EINER GROSSEN Pfanne nacheinander 2 Tortillas kurz von beiden Seiten erhitzen, bis sie sich leicht aufblasen und gut formbar sind.

DANN BEIDE Tortillas in der Mitte in einem Streifen mit Honigsenf bestreichen. Mit Paprikastreifen, Schafsköse-Thunfisch-Mischung und Salat belegen. Die Fladen von unten über die Füllung klappen, dabei eine Seite einschlagen, dann die Tortillas fest zu Wraps aufrollen.

MAMA-MATZE-TIPP

Wer keine Salat-
schleuder hat, gibt den
gewaschenen Salat auf
ein Küchenhandtuch,
schlägt die Ecken darüber
und schleudert das Säck-
chen ein paarmal.

Puten-Piccata-Ciabatta

Stulle alla italiana. Die habe ich immer ganz schnell fertig!

ZUBEREITUNGSZEIT: *30 Min.*
FÜR 2 PERSONEN

4 EL Mehl
2 Eier (Größe M)
6 EL geriebener Parmesan
2 EL Öl
6 Putenmedaillons (à ca. 50 g)
Salz
Pfeffer
2 Ciabattabrötchen (ersatzweise
Baguettebrötchen oder Fladenbrot)
2 EL leichte Salatcreme
2 EL Pesto rosso
2 Handvoll Rucola
6 Stück eingelegte Grillpaprika
(aus dem Glas)

MAMA-MATZE-TIPP

Statt eingelegter Paprika schmeckt's auch mit Artischockenherzen, gefüllten Kirschpaprika oder getrockneten Tomaten in Öl (vorher abtropfen lassen).

DAS MEHL auf einen kleinen Teller häufen, in einem tiefen Teller die Eier und den Parmesan mit einer Gabel verquirlen.

DAS ÖL in einer Pfanne erhitzen. Die Putenmedaillons mit Salz und Pfeffer würzen, im Mehl wenden und überschüssiges Mehl abklopfen. Dann die Medaillons durch die Parmesan-Ei-Mischung ziehen und in die Pfanne legen. Darin bei mittlerer Hitze von beiden Seiten in je 2–3 Min. goldbraun braten. Anschließend zugedeckt bei kleiner Hitze in weiteren 5 Min. fertig garen, dabei einmal wenden. Die Puten-Piccata (ja, so vornehm heißen die Fleischteilchen jetzt) herausnehmen und auf einer Lage Küchenpapier ca. 10 Min. abkühlen lassen.

INZWISCHEN Die Ciabattabrötchen aufschneiden. Salatcreme und Pesto rosso verrühren. Den Rucola waschen und trocken schleudern, die Grillpaprika abtropfen lassen.

ALLE CIABATTAHÄLFTEN mit der Pestocreme bestreichen. Dann jeweils die untere Hälfte mit Rucola, Paprika und Puten-Piccata belegen. Die oberen Hälften darauflegen und leicht andrücken.

Honig-Halloumi-Pita

Ich liebe Döner und ich liebe »Quietschekäse«.
Mit diesem Sandwich kriege ich beides auf einmal.

ZUBEREITUNGSZEIT: *20 Min.*
FÜR 2 PERSONEN

2 EL Olivenöl
200 g Halloumi
2 TL Honig
2 EL italienische TK-Kräuter
2 EL Zitronensaft
Pfeffer
½ türkisches Fladenbrot
4 Blätter Radicchio
2 Tomaten
100 g Möhrenstifte
(aus der Frischetheke oder von
fleißigen Kochen selbst geschnippelt)
Salz
4 EL Ajvar (vom Türken um die Ecke)

DEN BACKOFEN auf 200° vorheizen. In einer beschichteten Pfanne 1 EL Öl erhitzen. Halloumi in dünne Scheiben schneiden und in der Pfanne bei mittlerer Hitze von beiden Seiten hellbraun braten. Honig und Kräuter dazugeben und leicht karamellisieren lassen. Mit 1 EL Zitronensaft ablöschen, pfeffern und vom Herd nehmen.

DAS FLADENBROT im Ofen (Mitte) in ca. 6 Min. leicht knusprig aufbacken, dann herausnehmen, abkühlen lassen und in Viertel schneiden.

RADICCHIO WASCHEN und trocken tupfen, die weißen Strünke herausschneiden. Die Tomaten waschen und in dünne Scheiben schneiden, dabei die Stielansätze entfernen. Die Möhrenstifte mit übrigem Zitronensaft und Öl verrühren. Mit Salz und Pfeffer würzen.

IN JEDES FLADENBROT eine Tasche schneiden und jeweils beide Schnittflächen mit je 1 EL Ajvar bestreichen. Radicchio, Tomate, Möhrenstifte und Halloumi auf die unteren Hälften schichten, dann die Fladenbrote leicht zusammendrücken.

MAMA-MATZE-TIPP

Im Sommer kann man den Halloumi auch in einem Mix aus Honig, Kräutern, Olivenöl und Zitronensaft marinieren und in einer Aluschale auf den Grill werfen.

Pulled-Salmon-Sandwich

Fischbrötchen nach Art (des) zerrupfte(n)s Schwein(s)?
Da muss man erst mal draufkommen.
Schmeckt aber phänomenal!

ZUBEREITUNGSZEIT: *25 Min.*
+ 12 Std. zum Auftauen
FÜR 2 PERSONEN

250 g Lachsfilet (frisch oder
aufgetaute TK-Ware)
4 EL Zitronensaft
2 TL Butter
3 EL Barbecuesoße
Salz
Pfeffer
Cayennepfeffer
4 Blätter Römersalatherz (ersatzweise
1 Handvoll fertige Salatmischung)
2 Tomaten
1 Apfel
2 Stängel Dill (ersatzweise
5 Schnittlauchhalme)
2 Baguettebrötchen
4 EL Frischkäse

MAMA-MATZE-TIPP

TK-Lachs taut
schneller auf, wenn
man ihn in einem Plastik-
beutel in eine Schale mit
kaltem (!) Wasser legt –
nicht warm, sonst bilden
sich zu viele Bakterien.

DEN LACHS abbrausen, trocken tupfen und mit 1 EL Zitronensaft beträufeln. Die Butter in einer Pfanne schmelzen. Darin den Lachs bei kleiner bis mittlerer Hitze ca. 6 Min. zugedeckt dünsten, dabei einmal wenden.

DEN LACHS aus der Pfanne nehmen und mit einer Gabel grob zerpflücken. Die Temperatur erhöhen. Die Barbecuesoße mit dem übrigen Zitronensaft in die Pfanne geben und ganz kurz kräftig einkochen lassen, vom Herd nehmen. Lachs daruntermischen. Mit Salz, Pfeffer und Cayennepfeffer würzen.

DEN SALAT waschen und trocken schleudern. Die Tomaten waschen und in dünne Scheiben schneiden, dabei die Stielansätze entfernen. Den Apfel waschen, halbieren, entkernen und ebenfalls in dünne Scheiben schneiden. Dill abbrausen, trocken schütteln und die Spitzen abzupfen.

DIE BAGUETTEBRÖTCHEN aufschneiden und jeweils beide Hälften mit Frischkäse bestreichen. Die unteren Brötchenhälften mit Salatblättern und Tomatenscheiben belegen, dann den Lachs darauf verteilen. Die Apfelscheiben darauflegen und den Dill darüberstreuen. Die oberen Brötchenhälften darauflegen und leicht andrücken.

Blitzschnelle Nacho-Dips

*Nachos, morgens, mittags, abends, ich will Nachos … Und zwar mit richtig viel Dipsoße!
Alle Vorschläge hier sind für zwei Personen berechnet und superschnell gemacht –
nur der Pico de Gallo muss eine Zeit lang durchziehen, damit er richtig durchpfeift.*

SOUR-CREAM-DIP

2 ½ EL fettarmer griechischer Joghurt (0,2 % Fett)
mit je 1 ½ EL Schmand und saurer Sahne glatt rühren. 2–3 EL kaltes Wasser unterrühren. Mit Salz,
Pfeffer und ¼ TL gemahlenem Kreuzkümmel würzen. 2 Stängel Koriandergrün waschen und trocken
schütteln. Die Blättchen abzupfen, fein hacken und
über den Dip streuen.

Guacamole

½ Limette auspressen. 1 große reife Avocado halbieren, den Stein entfernen und das Fruchtfleisch
mit einem Löffel aus der Schale kratzen. In einem
Schälchen mit der Gabel zerquetschen und gleich
mit dem Limettensaft mischen. ½ Knoblauchzehe
schälen und dazupressen. ½ Frühlingszwiebel putzen, waschen und trocken tupfen, den grünen Teil
in feine Ringe schneiden, den weißen Teil längs
vierteln und fein hacken. ¼ Bund Koriandergrün
waschen, trocken schütteln, Blättchen abzupfen
und fein hacken. Zwiebel und Koriander unter die
Avocado rühren. Mit Salz, Pfeffer, Chilipulver und
¼ TL gemahlenem Kreuzkümmel würzen.

Schwarze-Bohnen-Dip

1 Dose schwarze Bohnen (400 g) abgießen, das
Wasser dabei auffangen. 1 Zwiebel und 1 Knoblauchzehe schälen, würfeln und in 2 EL Olivenöl
bei kleiner Hitze in ca. 10 Min. dünsten. ½ Bund
Koriandergrün waschen, trocken schütteln, die
Blättchen abzupfen und fein hacken. Zwiebeln und
Knoblauch mit Bohnen, ¼ TL gemahlenem Kreuzkümmel, Chilipulver, 1 TL Limettensaft, 2 EL Bohnenwasser und drei Vierteln des Koriandergrüns
pürieren. Eventuell mehr Bohnenwasser zugeben.
Salzen, pfeffern, den Rest Koriander aufstreuen.

Pico de Gallo

2 Tomaten waschen und halbieren, Stielansätze
entfernen und Kerne mit einem Löffel herauskratzen. Das Fruchtfleisch sehr klein würfeln. ½ kleine
weiße Zwiebel schälen, fein würfeln. ½ grüne (Jala-
peño-)Chili halbieren, ohne Kerne und Trennwände
fein hacken. Die Blättchen von 4 Stängeln Koriandergrün abzupfen und hacken. Alles vermischen.
Mit 2–3 TL Limettensaft, Salz und Pfeffer würzen,
ca. 3 Std. zugedeckt kühl stellen.

Bratreis mit Gemüse und Wasabinüssen

In der Kürze liegt die Würze! Oder liegt's vielleicht doch an den Wasabi-Erdnüssen? Wenn meine Freundin mitisst, streu ich am Schluss deswegen lieber einfach nur ein paar ganz normale Erdnüsse aus der Dose auf den Reis.

ZUBEREITUNGSZEIT: *15 Min.*
FÜR 2 PERSONEN

1 Stück frischer Ingwer (ca. 2 cm)
2 rote Paprikaschoten
150 g Zuckerschoten (das sind die ganz zarten Erbsen aus der Gemüseabteilung)
250 g Tofu natur
2 EL Erdnussöl (oder ein anderes Pflanzenöl)
250 g Express-Langkornreis
2 Eier (Größe M)
2 EL Sojasoße
2–3 TL Limettensaft
Salz
Pfeffer
2 EL Wasabi-Erdnüsse

MAMA-MATZE-TIPP

Statt dem Expressreis kann man auch Reisreste vom Vortag verwenden. Für 2 Personen braucht man etwa 600 g davon.

DEN INGWER schälen und fein würfeln. Die Paprikaschoten vierteln, entkernen, waschen und in feine Streifen schneiden. Die Zuckerschoten waschen und diagonal halbieren. Den Tofu in ca. 1 cm große Würfel schneiden.

IM WOK oder in einer mittelgroßen beschichteten Pfanne das Öl erhitzen. Ingwer, Paprika, Zuckerschoten und Tofu darin bei starker Hitze unter Wenden 3–4 Min. braten. Den Express-Reis ohne Vorkochen dazugeben und ca. 5 Min. unter Rühren mitbraten.

INZWISCHEN die Eier mit 1 EL Sojasoße verrühren. Die Reismischung an den Pfannenrand schieben. Das Soja-Ei in die Pfannenmitte gießen, kurz stocken lassen, dann mit dem Reis mischen. Mit der übrigen Sojasoße, Limettensaft, wenig Salz und Pfeffer abschmecken.

DIE WASABINÜSSE hacken. Den Bratreis auf Tellern anrichten und mit den Wasabinüssen bestreuen. Danach auf keinen Fall mit den Fingern in den Augen reiben, selbst wenn du total gerührt bist von deinen Kochkünsten.

Veggie-Maultaschenauflauf

Noch mal geballte Schwaben-Power! Allerdings landen bei mir die »Herrgottsbscheißerle« nicht in der Suppe, sondern im Backofen.

ZUBEREITUNGSZEIT: *15 Min. + 30 Min. zum Backen*
FÜR 2 PERSONEN

200 g Spitzkohl
1 EL Rapsöl
(oder ein anders Pflanzenöl)
Salz
Pfeffer
1 Dose stückige Tomaten (400 g)
2 EL Pesto alla Genovese
1 EL Weißweinessig
1 EL Honig
300 g vegetarische Maultaschen
(aus dem Kühlregal)
3 EL Röstzwiebeln
60 g Reibekäse (z. B. Emmentaler)

DEN BACKOFEN auf 180° vorheizen. Den Spitzkohl waschen, putzen und in ganz grobe Rauten schneiden. Das Öl in einer Pfanne erhitzen. Darin den Kohl 2 Min. anbraten, salzen und pfeffern.

DIE TOMATEN mit Pesto, Essig und Honig verrühren, die Soße mit Salz und Pfeffer würzen. Die Maultaschen in breite Streifen schneiden.

DIE MAULTASCHEN und den Kohl in eine Auflaufform füllen. Die Soße darübergießen, Röstzwiebeln und Käse darüberstreuen. Im Ofen (Mitte) 30 Min. backen, bis sie goldbraun gebräunt sind. Herausnehmen und ratzfatz aufessen.

Fast dasselbe habe ich schon beim Jogi zu Hause gegessen – ganz schwäbisch mit Spiegelei und grünem Salat mit richtig viel Schnittlauch.

SCHWABEN

VEGGIE!

MAMA-MATZE-TIPP

Wenn was übrig
bleibt, die Form mit
Alufolie abdecken und in
den Kühlschrank stellen.
Am nächsten Tag mitsamt
der Folie bei 150° im
Ofen aufwärmen.

Erbsen-Tortilla mit Tomatensalsa

Statt Kurzurlaub im Süden einen Mittelmeer-Abstecher in der Küche machen: schont den Geldbeutel und sorgt trotzdem für Malle-Feeling!

ZUBEREITUNGSZEIT: *25 Min.*
FÜR 2 PERSONEN

FÜR DIE TORTILLA
1 Zwiebel
2 Kartoffel (ca. 250 g; vorwiegend fest-kochend)
2 EL Olivenöl
200 g TK-Erbsen
4 Eier (Größe M)
Salz
Pfeffer

FÜR DIE SALSA
4 Stängel Basilikum
4 Tomaten
1 EL Zitronensaft
½ TL flüssiger Honig
Salz
Pfeffer

FÜR DIE TORTILLAS die Zwiebel schälen und fein würfeln. Die Kartoffeln schälen, waschen und grob raspeln. 1 EL Öl in einer beschichteten Pfanne erhitzen. Die Zwiebel darin ca. 2 Min. andünsten. Die Kartoffelraspel dazugeben und unter Wenden 2–3 Min. anbraten. Die Erbsen unaufgetaut hinzufügen und alles zugedeckt 3–4 Min. dünsten. Aus der Pfanne nehmen und 5 Min. abkühlen lassen.

INZWISCHEN die Eier verquirlen und mit Salz und Pfeffer würzen. Die Kartoffelmischung dazugeben und gut unterrühren. Die Pfanne mit Küchenpapier auswischen. Das übrige Öl in der Pfanne erhitzen. Die Eiermasse hineingeben, glatt streichen und bei mittlerer Hitze 5–6 Min. stocken lassen, bis die Oberfläche anfängt, fest zu werden. Die Tortilla vom Pfannenrand lösen, auf einen Topfdeckel oder Teller stürzen und wieder in die Pfanne gleiten lassen. Weitere 2–3 Min. backen.

INZWISCHEN für die Salsa Basilikum waschen, trocken schütteln und klein zupfen. Tomaten waschen, trocken tupfen, vierteln und die Stielansätze herausschneiden. Das Fruchtfleisch klein würfeln. Mit Zitronensaft, Honig, Salz und Pfeffer abschmecken. Basilikum untermischen. Mit der Tortilla servieren.

MAMA-MATZE-TIPP

Tortilla schmeckt auch kalt: am Abend backen, in der Pfanne auskühlen lassen, über Nacht in den Kühlschrank stellen und am nächsten Tag im Büro essen.

Huevos Rancheros

Für echte Männer, auch ohne Rinder. Dafür mit Eiern.

ZUBEREITUNGSZEIT: *30 Min.*
+ 40 Min. zum Garen
FÜR 2 PERSONEN

½ Zwiebel
½ Knoblauchzehe
Öl zum Braten (z. B. Rapsöl)
350 g passierte Tomaten
¼ TL getrockneter Oregano
¼ TL gemahlener Kreuzkümmel
(geräuchertes) Chilipulver
Salz
Pfeffer
¼ Bund Koriandergrün
4 kleine Tortillas
(Maisfladen)
4 Eier (Größe M)

MAMA-MATZE-TIPP

Die Tomatensoße
ist zu scharf geworden?
Dagegen hilft ein kräftiger
Schuss Orangensaft (da-
nach noch mal kurz
köcheln lassen) oder
½–1 TL Zucker.

ZWIEBEL UND KNOBLAUCH schälen und klein würfeln. In 2 EL Öl in einem Topf goldbraun braten. Passierte Tomaten, Oregano, Kreuzkümmel und je nach gewünschter Schärfe ½–1 TL Chilipulver zugeben, leicht salzen und pfeffern. Die Soße offen bei kleiner Hitze in 15–20 Min. sämig einkochen, dabei gelegentlich umrühren. Nochmals mit Salz, Pfeffer und Chili abschmecken und pürieren.

KORIANDERGRÜN waschen und trocken schütteln, die Blättchen abzupfen und klein hacken. Das Öl ca. 0,5 cm hoch in eine Pfanne gießen und stark erhitzen. 1 Tortilla darin bei mittlerer Hitze von beiden Seiten leicht knusprig braten. Herausnehmen, auf Küchenpapier abtropfen lassen und warm halten. Auf diese Weise alle Tortillas ausbacken. Dann das Öl aus der Pfanne gießen und auffangen.

3-4 EL DES ÖLS erneut in der Pfanne erhitzen. Die Eier aufschlagen, hineingeben und in je 2–3 Min. zu Spiegeleiern braten. Dabei sollten die Eier getrennt voneinander und das Eigelb flüssig bleiben. Salzen und pfeffern.

DAS KORIANDERGRÜN bis auf 1–2 EL unter die Tomatensoße rühren. Je 2 Tortilla-Fladen leicht überlappend auf einen Teller geben, darauf je 2 Spiegeleier und darüber die Tomatensoße geben. Mit dem Rest Koriandergrün bestreuen.

Gnocchi mit Pfifferlingen

Pilze wachsen im Wald und Gnocchi im Kühlregal.
Aber Gegenätze ziehen sich ja bekanntlich an.

ZUBEREITUNGSZEIT: *25 Min.*
FÜR 2 PERSONEN

400 g Pfifferlinge (ersatzweise
braune Champignons)
4 Frühlingszwiebeln
4 EL Olivenöl
300 g Gnocchi (aus dem Kühlregal)
1 EL getrockneter Oregano
1 EL Honig
1 EL grüne Pfefferkörner
(aus dem Glas)
1 EL Pfeffersud (aus demselben Glas)
2 EL Aceto balsamico
Salz
Pfeffer
40 g Parmesan

DIE PFIFFERLINGE putzen, große Exemplare halbieren oder vierteln. Die Frühlingszwiebeln putzen, waschen und in feine Ringe schneiden.

IN EINER PFANNE 2 EL Olivenöl erhitzen. Darin die Gnocchi bei mittlerer Hitze 6–8 Min. anbraten, bis sie rundherum leicht gebräunt sind. Aus der Pfanne nehmen und warm stellen.

RESTLICHES OLIVENÖL in der Pfanne erhitzen. Darin die Pfifferlinge 4–5 Min. anbraten. Oregano dazugeben und alles weiterbraten, bis die Pilze gar sind.

HONIG, PFEFFERKÖRNER und -sud unter die Pilze rühren, mit dem Balsamico ablöschen. Die Frühlingszwiebeln dazugeben und kurz in der Pfanne schwenken, dann die Gnocchi untermischen. Mit Salz und Pfeffer abschmecken und auf zwei Tellern anrichten. Parmesan reiben und darüberstreuen.

MAMA-MATZE-TIPP

Nicht die ganze Packung aufgebraucht? Dann kann man den Rest Gnocchi einfrieren. Bei Bedarf nicht auftauen, sondern gefroren weiterverarbeiten.

Woknudeln mit Pflaumensoße

Nudeln kochen, Soße dlauf: Einfachel geht doch gal nicht.
Aber dank del süßlich-wülzigen Soße schmeckt's total übellaschend.

ZUBEREITUNGSZEIT: *25 Min.*
FÜR 2 PERSONEN

120 g Pflaumenmus
3 EL Sojasoße
2 Knoblauchzehen
1 Stück frischer Ingwer (ca. 20 g)
1 EL Zitronensaft
2 TL scharfe Chilisoße
Salz
1 kleiner Zucchino (das ist die Hälfte
von 2 kleinen Zucchini)
200 g Tofu natur
100 g Zuckerschoten
(ganz zarte Erbsen in der Schale)
3 Frühlingszwiebeln
1 Romana-Salatherz
2 EL Öl (z. B. Rapsöl)
125 g Instant-Woknudeln
50 g gesalzene, geröstete Cashewkerne

PFLAUMENMUS und Sojasoße verrühren. Knoblauch und Ingwer schälen und dazupressen. Für die Würzsoße der Nudeln 3 EL von dem Mus abnehmen und mit dem Zitronensaft, der Chilisoße und 200 ml Wasser verrühren. Zum Schluss mit Salz abschmecken.

ZUCCHINO WASCHEN, putzen, längs halbieren und quer in dünne Scheiben schneiden. Den Tofu grob würfeln, die Zuckerschoten waschen. Die Frühlingszwiebeln putzen, waschen und in dünne Ringe schneiden. Das Salatherz zerpflücken, die Blätter waschen, trocken schleudern und in ca. 1 cm breite Streifen schneiden.

ÖL IN EINER großen Pfanne erhitzen. Darin den Tofu anbraten. Zucchinischeiben dazugeben und kurz mitbraten. Dann Zuckerschoten, die Nudeln und die Würzsoße dazugeben. Alles aufkochen und zugedeckt knapp 3 Min. bei mittlerer Hitze kochen lassen.

FRÜHLINGSZWIEBELN, Cashewkerne und Salat in die Pfanne geben und kurz mit den anderen Zutaten durchschwenken. Woknudeln auf Teller verteilen, die übrige Pflaumenmusmischung darüberträufeln, servieren.

Filet Stroganoff »Veggie-Art«

Mein Geheimrezept fürs erste Rendezvous: Statt einem Strauß Lupinen gibt es Lupine aus der Pfanne – die vegane Abwandlung des Klassikers mit Rinderfiletspitzen.

ZUBEREITUNGSZEIT: *20 Min.*
FÜR 2 PERSONEN

200 g Lupinenfilet (findest du im gut sortierten Supermarkt im Kühlregal oder im Bioladen)
je ½ rote und orange Paprikaschote
150 g Champignons
½ rote Zwiebel
50 g kleine Gewürzgurken
1 EL Öl
Salz
Pfeffer
1 TL Butter
125 ml Gemüsebrühe
50 ml trockener Weißwein
(ersatzweise einfach 50 ml mehr Brühe)
100 g Schmand
1 TL Speisestärke
1 TL Zitronensaft
1–2 EL Dill

DAS LUPINENFILET in dünne Scheiben schneiden. Die Paprika längs halbieren, putzen, waschen und in feine Streifen schneiden. Die Pilze putzen, trocken abreiben und vierteln. Die halbe Zwiebel schälen und fein schneiden. Gurken abtropfen lassen und schräg in Scheiben schneiden.

IN EINER GROSSEN beschichteten Pfanne 1 TL Öl erhitzen. Lupinenfilet unter Wenden 2–3 Min. braten, herausnehmen, sparsam salzen und mit Pfeffer würzen. Das übrige Öl und die Butter erhitzen und die Zwiebel darin glasig dünsten. Paprika und Pilze hinzufügen und bei mittlerer Hitze unter Rühren ca. 5 Min. braten. Wein und Fond dazugießen und offen ca. 3 Min. einkochen lassen. Lupinenfilet und Gurkenscheiben untermischen.

SCHMAND UND SPEISESTÄRKE verrühren, einrühren und alles bei schwacher Hitze 2–3 Min. köcheln. Mit Zitronensaft, Salz und Pfeffer würzen und mit Dill bestreuen. Dazu schmeckt Reis.

MAMA-MATZE-TIPP

Speisestärke immer erst in etwas Flüssigkeit auflösen und dann diese Mischung unter kräftigem Rühren dazugeben. Sonst bilden sich Klümpchen.

Erbsen-Zitronen-Risotto

Gutes Risotto gibt sofort volle Punktzahl für den Küchenchef, also mich. Gilt nämlich als total schwierig. Dass dieses hier eine Geling-Garantie hat, muss man ja niemandem verraten.

ZUBEREITUNGSZEIT: *30 Min.*
FÜR 2 PERSONEN

1 Zwiebel
2 EL Butter
150 g Risotto-Reis (z. B. Carnaroli)
ca. 500 ml heiße Gemüsebrühe
150 g TK-Erbsen
50 g Gorgonzola
20 g Parmesan
½ TL abgeriebene Bio-Zitronenschale
2 TL gehacktes TK-Basilikum
Salz
Pfeffer
40 g Parmesan (oder mehr)

DIE ZWIEBEL schälen und fein würfeln. 1 EL Butter in einem Topf zerlassen und die Zwiebel darin kurz andünsten. Den Reis ungewaschen dazugeben und glasig andünsten.

EINEN SCHÖPFLÖFFEL Gemüsebrühe angießen und den Reis bei mittlerer Hitze ca. 15 Min. garen. Immer wieder Brühe nachgießen und möglichst häufig durchrühren. Die Erbsen untermischen und den Reis in ca. weiteren 5 Min. bissfest garen.

INZWISCHEN den Gorgonzola und die übrige Butter in kleine Würfel schneiden. Den Parmesan fein reiben. Die Gorgonzola- und die Butterwürfel mit der abgeriebenen Zitronenschale, dem Basilikum und dem geriebenen Parmesan unter das Risotto rühren, bis es schön sämig ist.

DAS ERBSEN-ZITRONEN-RISOTTO mit Salz und Pfeffer abschmecken. Auf Tellern anrichten, den Parmesan darüberreiben und sofort servieren.

MAMA-MATZE-TIPP

Soll das Risotto besonders schlotzig sein, nach dem geriebenen Parmesan einfach noch einmal einen Schöpfer Brühe unterrühren.

KRÄUTER HABEN
NUR EINEN
NATÜRLICHEN
FRESSFEIND:

mich!

Krautnudeln

So ähnliche Nudeln hat schon meine Oma gekocht.
Ohne Veggie-Würstchen, dafür mit einem großen Löffel Schweineschmalz.
Und viel mehr Kümmel. So mag's meine Freundin aber lieber.

ZUBEREITUNGSZEIT: *30 Min.*
FÜR 2 PERSONEN

300 g Spitzkohl
1 Möhre
1 rote Zwiebel
200 g vegane Grillwürstchen
2 EL Öl
1 EL Zucker
1–2 EL Essig (z. B. Apfelessig)
Kräutersalz
½ TL Kümmel
400–500 g gekochte Nudeln vom Vortag
(z. B. breite Bandnudeln)
Pfeffer

SPITZKOHL PUTZEN, waschen und in dünne Streifen schneiden. Möhre schälen und in feine Scheiben schneiden. Zwiebel schälen und klein würfeln. Würstchen in dünne Scheiben schneiden.

DAS ÖL in einer großen Pfanne erhitzen und den Spitzkohl, die Möhre, die Zwiebel und die Würstchenscheiben bei mittlerer Hitze ca. 8 Min. darin anbraten. Dabei gelegentlich umrühren.

DEN ZUCKER über die Zutaten in der Pfanne streuen und unter ständigem Rühren karamellisieren lassen. Mit 1 EL Essig und 50 ml Wasser ablöschen, mit Kräutersalz und Kümmel würzen. Alles noch 5 Min. weiterbraten, dann die Nudeln dazugeben. Noch mal 50 ml Wasser hinzufügen und die Krautnudeln weitere 3–4 Min. dünsten.

DIE KRAUTNUDELN mit Kräutersalz, Pfeffer und eventuell noch etwas mehr Essig abschmecken. Auf Teller verteilen und servieren.

MAMA-MATZE-TIPP

Spitzkohl ist milder als Weißkohl. Wer es gern deftig mag, kann für dieses Gericht aber auch den verwenden. Dann ruhig ein bisschen mehr Kümmel dazugeben.

Käsespätzle mit Knusperzwiebeln

Dieses schwäbische Traditionsgericht ist für mich ein echter Seelentröster, wenn unsere Jungs mal nicht so gespielt haben, wie ich es mir gewünscht habe. Spätzle gegen Trauma sozusagen.

ZUBEREITUNGSZEIT: *45 Min.*
+ 30 Min. zum Ruhen
FÜR 2 PERSONEN

2 Zwiebeln
1 EL Mehl
50 g Bergkäse
50 g mittelalter Gouda
400 g frische Spätzle
(aus dem Kühlregal)
Salz
3 EL Butterschmalz
100 ml Gemüsebrühe
Pfeffer

DIE ZWIEBELN schälen, in feine Ringe schneiden und im Mehl wenden, überschüssiges Mehl abklopfen. Beide Käsesorten reiben.

REICHLICH WASSER in einem großen Topf zum Kochen bringen und salzen. Die Spätzle darin 1–2 Min. kochen lassen, bis sie nach oben steigen. Mit einem Schaumlöffel herausheben, gut abtropfen lassen, in eine vorgewärmte Schüssel geben und warm halten.

BUTTERSCHMALZ in einer Pfanne erhitzen und die Zwiebeln darin knusprig braten. Spätzle und Brühe in einer großen Pfanne erhitzen und ein Drittel der Zwiebeln untermischen. Die beiden geriebenen Käsesorten dazugeben und unter Rühren schmelzen. Vom Herd nehmen, salzen und pfeffern. Die Spätzle mit den übrigen Röstzwiebeln bestreuen und servieren. Dazu passt grüner Salat – als Alibi.

MAMA-MATZE-TIPP

Käsespätzle funktionieren auch vegan – mit eierfreien Spätzle aus dem Kühlregal, veganem »Reibekäse« und Margarine statt Butterschmalz.

Zitronenpolenta mit Rahmpilzen

Polenta halten manche ja für die italienische Version von Grießbrei. Die hier aber wird in Schnittchen serviert. Das ist klasse, falls wirklich was übrig bleibt, denn die Reste lassen sich dann in Olivenöl knusprig aufbraten.

ZUBEREITUNGSZEIT: *30 Min.*
FÜR 2 PERSONEN

350 g gemischte Pilze (z. B. Champignons, Kräuterseitlinge, Austernpilze)
175 g Kirschtomaten
½ Knoblauchzehe
180 ml Sojadrink (gibt es mittlerweile sogar beim Discounter und steht meistens bei der H-Milch)
Salz
90 g Maisgrieß (Polenta)
3 TL Olivenöl
½ TL getrockneter Thymian
Pfeffer
1 ½ TL Mehl
90 ml Gemüsebrühe
75 ml Sojasahne (steht beim Sojadrink im Regal)
¼ Bund Petersilie
abgeriebene Schale von ½ Bio-Zitrone
Olivenöl für die Form

DIE PILZE putzen. Große Champignons halbieren, Kräuterseitlinge in Scheiben, Austernpilze in mundgerechte Stücke schneiden. Die Kirschtomaten waschen und halbieren. Den Knoblauch schälen und fein würfeln.

SOJADRINK und 190 ml Wasser in einem Topf aufkochen, salzen. Polenta einrieseln lassen und unter Rühren bei milder Hitze 1–2 Min. kochen. Eine kleine Schüssel (ca. 375 ml Inhalt) mit Öl einfetten, Polenta einfüllen, glatt streichen und zugedeckt ca. 10 Min. fest werden lassen.

INZWISCHEN in einer Pfanne 2 TL Öl erhitzen und die Pilze darin bei starker Hitze unter Wenden in ca. 3 Min. braun anbraten. Knoblauch und Thymian zufügen, salzen und pfeffern. Mit Mehl bestäuben und kurz anschwitzen. Brühe und Sojasahne angießen, unter Rühren aufkochen und bei mittlerer Hitze ca. 5 Min. kochen lassen. Die Tomaten zufügen.

WÄHRENDDESSEN die Petersilie abbrausen, trocken schütteln, Blätter abzupfen und fein hacken. Petersilie und Zitronenschale mischen. Die Polenta auf einen Teller stürzen, in Scheiben schneiden, mit dem übrigen Öl beträufeln und der Petersilienmischung bestreuen. Mit dem Pilzragout anrichten.

FRÄULEIN ROT-KNÖPCHENS
GESPÜR FÜR PILS:

Die hat das Rot-Knöpchen auf
dem Weg zur Großmutter im
Wald gefunden.

Chili-sin-Carne-Auflauf

Mein Knaller, wenn Freunde zum Fußballgucken kommen. Weil es sich so gut vorberei-ten lässt. Schon am Tag vorher. Sodass ich den Samstag faul auf der Couch liegen kann. Aber auch sonst koche ich gleich immer mehr davon. Man kann das Chili nämlich super einfrieren. Vor dem Überbacken, also ohne Chips und Käse, direkt aus dem Topf.

ZUBEREITUNGSZEIT: *35 Min.*
+ 20 Min. zum Backen
FÜR 4 PERSONEN

1 Zwiebel
1 EL Öl
1 TL gemahlener Kreuzkümmel
1 EL Tomatenmark
150 g rote Linsen
1 Dose stückige Tomaten (400 g)
1 Dose Kidneybohnen
(265 g Abtropfgewicht)
1 Dose Mais (240 g Abtropfgewicht)
75 g Gouda
Salz
Pfeffer
75 g Tortilla-Chips Natural
rote Chiliringe und Sour Cream
(zum Servieren)

DIE ZWIEBEL schälen und fein würfeln. Das Öl in einem weiten Topf erhitzen und die Zwiebelwürfel darin unter Rühren andünsten. Den Kreuzkümmel und das Tomatenmark dazugeben und kurz anrös-ten. Die roten Linsen dazugeben, die Tomaten und 400 ml Wasser angießen. Alles aufkochen und bei mittlerer Hitze ca. 10 Min. köcheln lassen. Dabei öfter mal umrühren.

INZWISCHEN die Bohnen in ein Sieb abgießen, kalt abspülen und abtropfen lassen. Den Mais abgie-ßen und abtropfen lassen. Beides zum Chili geben und weitere ca. 5 Min. garen. Je nachdem, wie viel Wasser die Linsen aufsaugen, eventuell noch etwas Wasser dazugeben.

DEN BACKOFEN auf 200° vorheizen. Den Gouda grob reiben. Das Chili sin Carne mit Salz und Pfef-fer würzen und in eine Auflaufform (ca. 30 × 24 cm; 2,5 l Inhalt) füllen. Die Tortilla-Chips so auf dem Auflauf verteilen, dass das Chili sin Carne komplett bedeckt ist. Die Chips mit dem Käse bestreuen. Im heißen Ofen (Mitte) ca. 20 Min. backen. Zum Ser-vieren nach Belieben mit Chiliringen bestreuen und Sour Cream dazu reichen.

Djuvec-Reistopf

Vegetarisches Essen kann unglaublich lecker sein, vor allem wenn man Djuvec-Reis erst mal richtig aussprechen kann. Am einfachsten geht es, wenn man dabei eine Handvoll ungekochten Reis im Mund hat.

ZUBEREITUNGSZEIT: *25 Min.*
FÜR 2 PERSONEN

1 rote Paprikaschote
2 EL Öl (z.B. Rapsöl)
1 Packung TK-Zwiebel-Duo oder
70 g frisch gewürfelte Zwiebel
150 g TK-Suppengemüse
1 Knoblauchzehe
2 ½ TL Ahornsirup oder Agavendicksaft
125 g 10-Minuten-Langkornreis
1 Dose stückige Tomaten (400 g)
Kräutersalz (notfalls tut's aber auch das stinknormale Salz)
2 ½ TL rosenscharfes Paprikapulver
75 g Räuchertofu
1 EL Pinienkerne (ersatzweise andere Kerne oder gehackte Nüsse)
1 EL TK-Petersilie
2 TL Weißweinessig
Pfeffer

DIE PAPRIKASCHOTE putzen, waschen und klein würfeln. In einem Topf 1 EL Öl erhitzen. Darin die Zwiebeln, die Paprikaschote und das gefrorene Suppengemüse ca. 5 Min. andünsten.

DEN KNOBLAUCH schälen und zum Gemüse pressen, 2 TL Ahornsirup oder Agavendicksaft unterrühren. Reis, Tomaten und 400 ml Wasser hinzufügen, mit Kräutersalz würzen. Alles zum Kochen bringen und 10–12 Min. bei geringer Hitze köcheln lassen, dabei nach den ersten 5 Min. 2 TL Paprikapulver dazugeben.

INZWISCHEN für das Topping Tofu zerbröseln. Restliches Öl in einer Pfanne erhitzen und den Tofu darin goldbraun anbraten. Pinienkerne, Petersilie und übrigen Sirup oder Dicksaft dazugeben und kurz mitbraten. 1 TL Essig und restliches Paprikapulver einrühren. Mit Kräutersalz und Pfeffer würzen.

DEN REISTOPF ein letztes Mal mit Kräutersalz, Pfeffer und dem restlichen Essig abschmecken und auf tiefe Teller oder Suppenschalen verteilen. Mit dem Topping bestreuen und servieren.

MAMA-MATZE-TIPP

Ich serviere diesen Reis gerne zu Cevapcici. Die macht man wie die Frikadellen auf Seite 158, aber mit viel Knoblauch und scharfem Paprikapulver im Hack.

Spinat-Fusilli mit Paprikasoße

Die Pasta alla Popeye macht müde Männer munter
und ist zum Aufgabeln lecker.

ZUBEREITUNGSZEIT: *30 Min.*
FÜR 2 PERSONEN

Salz
200 g Fusilli
2 Frühlingszwiebeln
200 g junger Blattspinat
125 g Kirschtomaten
½ Knoblauchzehe
½ Glas gegrillte Paprika
(ca. 100 g Abtropfgewicht)
50 g getrocknete Tomaten (in Öl)
50 g Schlagsahne
50 ml Gemüsebrühe
Pfeffer
1 EL Olivenöl
25 g Vitalkerne (z. B. Sesam, Sonnen-
blumen-, Pinienkerne)
25 g schwarze Oliven
1 EL geriebener
Parmesan

MAMA-MATZE-TIPP

Wer TK-Blattspinat nimmt, muss die Zeit fürs Auftauen einrechnen. Im Kühlschrank dauert das ca. 2 Std., bei Zimmertemperatur ca. 1 Std.

REICHLICH WASSER in einem großen Topf aufkochen und salzen. Die Nudeln darin nach Packungsangabe bissfest garen, in ein Sieb abgießen und abtropfen lassen.

WÄHREND DIE NUDELN kochen, die Frühlingszwiebeln putzen, waschen, weiße und hellgrüne Teile schräg in 2–3 cm breite Stücke schneiden. Den Spinat verlesen, waschen und trocken schleudern. Die Kirschtomaten waschen und halbieren. Den Knoblauch schälen und in kleine Würfel schneiden.

GRILLPAPRIKA und getrocknete Tomaten abtropfen lassen, grob würfeln und anschließend im Mixer fein pürieren. Mit Sahne und Brühe in einem Topf verrühren, erhitzen und mit Salz und Pfeffer würzen. Die Soße warm halten.

INZWISCHEN das Öl in einer großen beschichteten Pfanne erhitzen. Vitalkerne, Frühlingszwiebeln und Knoblauch darin bei starker Hitze unter Rühren ca. 1 Min. anbraten. Spinat dazugeben und bei mittlerer Hitze in 2–3 Min. zusammenfallen lassen. Nudeln, Oliven und Kirschtomaten unterheben. Alles bei mittlerer Hitze noch ca. 2 Min. dünsten. Die Nudeln mit der Paprikasoße anrichten und mit dem geriebenen Parmesan bestreuen.

**Das ultimative Rezept
für Bratkartoffeln:
Kartoffeln braten.**

Zitronenlachs mit Erbsenstampf

Ich liebe es ja, Geschenke auszupacken. Und genau deswegen mag ich diesen Lachs so gerne. Und dann macht so ein Überraschungspäckchen aus dem Ofen natürlich viel mehr her als schnöder Fisch aus der Pfanne.

ZUBEREITUNGSZEIT: *25 Min.*
+ 20 Min. zum Backen
FÜR 2 PERSONEN

FÜR DEN LACHS
¼ Bund Thymian
½ Bio-Zitrone
2 Stücke Lachsfilet
(à ca. 125 g; nicht zu dick)
Salz
Pfeffer
2 TL Olivenöl

FÜR DAS PÜREE
½ Zwiebel
1 TL Olivenöl
225 g TK-Erbsen
½ Dose weiße Bohnen
(125 g Abtropfgewicht)
2 TL Sesam
50 g Milch
1 TL Zitronensaft
Salz

DEN BACKOFEN auf 200° vorheizen. 2 Bögen Back- oder Pergamentpapier auf der Arbeitsfläche ausbreiten. Den Thymian waschen, trocken schütteln und in 2 Portionen auf die Papierbögen verteilen. Von der Zitrone 4 sehr dünne Scheiben schneiden. Je 1 Scheibe auf den Thymian legen. Lachsfilets daraufsetzen, salzen, pfeffern und mit je 1 Zitronenscheibe belegen. Über jede Lachsschnitte noch 1 TL Öl träufeln. Für die Päckchen das Papier über dem Lachs zusammennehmen und nach unten falten. Die Papierenden zusammendrehen, damit die Päckchen verschlossen sind. Im Ofen (Mitte) ca. 20 Min. backen.

INZWISCHEN für das Püree die Zwiebel schälen und würfeln. Das Öl erhitzen und die Zwiebel darin andünsten. Die gefrorenen Erbsen und 50 ml Wasser zugeben und zugedeckt ca. 5 Min. dünsten, bis die Erbsen aufgetaut sind. Die Bohnen abgießen, abtropfen lassen und zu den Erbsen geben. Weitere 2–3 Min. leise köcheln lassen.

INZWISCHEN DEN SESAM in einer Pfanne ohne Fett anrösten, herausnehmen. Erbsen vom Herd ziehen. Milch und Zitronensaft zugeben und fein pürieren. Mit Salz abschmecken. Mit den Fischpäckchen anrichten und schnell noch mit Sesam bestreuen.

No-Cook-Nudelauflauf

Auflauf mache ich immer gleich in doppelter Portion, denn den kann man prima aufwärmen. So muss ich am nächsten Tag nicht gleich wieder kochen. Das macht ja Spaß, aber irgendwann braucht man schließlich auch mal eine Pause …

ZUBEREITUNGSZEIT: *15 Min.*
+ 40 Min. zum Backen
FÜR 4 PERSONEN

250 g Kirschtomaten
1 gelbe Paprikaschote
30 g schwarze Oliven ohne Stein
2 Dosen Thunfisch in Öl
(à 185 g Abtropfgewicht)
250 g Farfalle
400 ml Tomatensaft
100 g Schlagsahne
1 gehäufter TL Salz
Pfeffer
1 TL getrockneter Oregano
125 g Mozzarella

DEN BACKOFEN auf 180° vorheizen. Die Tomaten waschen, trocken tupfen und halbieren.

DIE PAPRIKA halbieren, weiße Trennwände und Kerne entfernen, die Hälften waschen und klein würfeln. Die Oliven in Scheiben schneiden. Den Thunfisch abgießen und gut abtropfen lassen.

ALLE VORBEREITETEN Zutaten mit den rohen Nudeln in eine flache Auflaufform (ca. 30 × 24 cm; 2,5 l Inhalt) füllen und gut mischen. Den Tomatensaft, die Sahne, 75 ml Wasser, Salz, Pfeffer und Oregano verrühren. Gleichmäßig über den Nudelmix gießen. Alle Nudeln müssen mit Flüssigkeit bedeckt sein, sonst bleiben sie furztrocken. Im heißen Ofen (Mitte) 20 Min. backen.

INZWISCHEN den Mozzarella abtropfen lassen und in Scheiben schneiden. Den Auflauf aus dem Ofen nehmen, alles einmal gut durchrühren, mit Mozzarella belegen, die Form wieder in den Ofen schieben und alles bei gleicher Temperatur weitere 20 Min. backen.

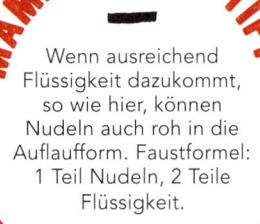

MAMA-MATZE-TIPP

Wenn ausreichend Flüssigkeit dazukommt, so wie hier, können Nudeln auch roh in die Auflaufform. Faustformel: 1 Teil Nudeln, 2 Teile Flüssigkeit.

Chili-Shrimps

Die wahrscheinlich schnellste Meeresfrüchte-Pfanne der Welt.

ZUBEREITUNGSZEIT: *15 Min.*
FÜR 2 PERSONEN

1 Päckchen TK-Bio-Shrimps (200 g)
2 Knoblauchzehen
3 EL Olivenöl
Salz
3–4 Prisen edelsüßes Paprikapulver
1–2 Msp. Sambal Oelek
2 EL frisch gepresster Zitronensaft

DIE TIEFGEKÜHLTEN Shrimps waschen und mit Küchenpapier trocken tupfen. Knoblauchzehen schälen und in feine Scheiben schneiden.

DAS OLIVENÖL in einer Pfanne erhitzen. Knoblauchscheibchen und Shrimps dazugeben. Alles bei mittlerer Hitze unter Rühren 3–4 Min. braten.

SHRIMPS MIT SALZ, Paprikapulver und Sambal Oelek kräftig würzen, dann noch den Zitronensaft zugeben. Alles gründlich durchmischen und weitere 3–4 Min. köcheln lassen. Gleich servieren – auf Tellern oder direkt in der Pfanne.

PLITSCH PLATSCH

SPRITZ

Das schmeckt nach mehr, äh Meer. Zum Auftunken brauche ich dann noch viel Weißbrot in richtig dicken Scheiben dazu. Die Dame des Hauses macht lieber Low Carb.

Schellfisch mit Kürbisgemüse

Kürbis mag ich, leider hat er aber nicht das ganze Jahr über Saison. Zum Glück gibt's ihn jetzt aber auch im Tiefkühlregal. Dann ist er sogar schon geputzt und geschnippelt.

ZUBEREITUNGSZEIT: *30 Min.*
FÜR 2 PERSONEN

*4 Stücke Schellfischfilet (à ca. 60 g;
frisch oder aufgetaute TK-Ware)*
4 EL Zitronensaft
Salz
Pfeffer
4 Scheiben luftgetrockneter Schinken
3 Zweige Rosmarin
2 Schalotten
400 g Hokkaido-Kürbis (frisch oder TK)
4 EL Olivenöl
2 TL Honig
2 EL Weißweinessig
300 ml Gemüsebrühe
Cayennepfeffer
2 EL Butter

FISCHFILETS abbrausen, trocken tupfen und mit je 1 EL Zitronensaft beträufeln. Mit Salz und Pfeffer würzen. Dann jedes Filetstück in 1 Schinkenscheibe wickeln und beiseitestellen. Blättchen von 1 Zweig Rosmarin abzupfen und fein hacken. Schalotten schälen und fein würfeln. Falls du frischen Kürbis verwendest: waschen, die Kerne herauskratzen und das Fruchtfleisch mit Schale in Würfel schneiden.

IN EINER PFANNE 2 EL Olivenöl erhitzen. Schalotte und gehackten Rosmarin darin andünsten. Kürbis dazugeben und bei mittlerer Hitze in 5–6 Min. andünsten. Honig, Essig und Brühe dazugießen und alles zugedeckt 5–6 Min. köcheln lassen. Dann noch 2–3 Min. ohne Deckel weitergaren, bis die Flüssigkeit fast verkocht ist. Mit Salz, Pfeffer, Cayennepfeffer und Zitronensaft abschmecken. In eine Schüssel füllen. Die Pfanne gründlich säubern.

DAS ÜBRIGE ÖL in der Pfanne erhitzen. Fisch darin mit dem restlichen Rosmarin rundherum ca. 6 Min. bei mittlerer Hitze braten. Butter dazugeben und den Fisch zugedeckt bei kleiner Hitze in weiteren 2 Min. gar ziehen lassen. Aus der Pfanne nehmen und auf Teller geben. Das Kürbisgemüse in der Pfanne kurz noch mal heiß werden lassen, dann mit dem Fisch anrichten.

MAMA-MATZE-TIPP

Kürbis lässt sich leichter schneiden, wenn man ihn vorher ½ Std. bei 150° in den Backofen legt. Allerdings verkürzt sich dann auch die Garzeit. Probieren!

Spitzkohl-Gnocchi mit Lachs

*Kaum in der Küche, schon gemacht: So schnell geht Kochen wirklich selten.
Keine Sorge übrigens: Spitzkohl ist supa-lecker! Keine Spur von dem
typisch muffigen Kohlgeschmack im Treppenhaus der Nachbarn früher.*

ZUBEREITUNGSZEIT: *15 Min.*
FÜR 2 PERSONEN

*400 g Spitzkohl
2 EL Öl
300 g Gnocchi (aus dem Kühlregal)
100 g Schlagsahne
100 ml Hühnerbrühe
Salz
Pfeffer
½ TL Zucker
2 TL Zitronensaft
200 g Stremellachs (aus dem Kühlregal)
2 EL körniger Senf
½ Beet Kresse*

DEN SPITZKOHL putzen, waschen und den harten Strunk entfernen. Den Kohl dann quer in fingerdicke Streifen schneiden.

DAS ÖL in einer mittelgroßen beschichteten Pfanne erhitzen. Die Gnocchi darin bei mittlerer Hitze unter gelegentlichem Wenden 2–3 Min. rundum goldbraun anbraten. Den Spitzkohl dazugeben und ca. 2 Min. mitbraten. Sahne und Brühe dazugießen, mit Salz, Pfeffer, Zucker und Zitronensaft würzen. Das Ganze bei mittlerer Hitze ca. 3 Min. köcheln lassen.

INZWISCHEN den Stremellachs von der Haut befreien und in Stücke zupfen. Den Senf unter die Spitzkohl-Gnocchi rühren, den Lachs dazugeben. Mit Salz und Pfeffer abschmecken. Gnocchi in einen tiefen Teller geben. Kresse vom Beet schneiden und daraufstreuen. Sofort genießen.

MAMA-MATZE-TIPP

Wer keinen Stremellachs bekommt, nimmt alternativ 160 g Räucherlachs. In breite Streifen schneiden und ganz am Schluss unter die Gnocchi heben.

Pannfisch-Auflauf

*Klassiker ... von der Nordseeküste. Koch ich auch immer gleich für vier –
und ess ihn dann allein auf. Nicht immer, aber immer öfter.*

ZUBEREITUNGSZEIT: *45 Min.
+ 25 Min. zum Backen*
FÜR 4 PERSONEN

*800 g Kartoffeln (festkochend)
2 Zwiebeln
2 EL Öl
Salz
600 g Seelachsfilets
Pfeffer
100 g Schlagsahne
100 ml Milch
5 TL körniger Dijonsenf
3 Eier
1 Bund Dill
1 Bio-Zitrone*

DIE KARTOFFELN waschen und in 20 Min. weich garen. Inzwischen die Zwiebeln schälen und in feine Ringe hobeln. Das Öl in einer beschichteten Pfanne erhitzen und die Zwiebeln darin ca. 10 Min. andünsten. Zum Schluss mit Salz würzen.

DIE FISCHFILETS kalt abspülen und trocken tupfen, salzen und pfeffern und in ca. 1 cm dicke Scheiben schneiden. Die Kartoffeln abgießen, abschrecken, pellen und ebenfalls in ca. 1 cm dicke Scheiben schneiden.

DEN BACKOFEN auf 200° vorheizen. Für den Guss die Sahne mit der Milch, dem Senf und den Eiern verquirlen. Den Dill waschen, trocken schütteln, die Spitzen abzupfen und hacken. Die Zitrone heiß waschen, abtrocknen und die Schale fein abreiben. Dill und Zitronenschale in den Guss rühren. Dann noch kräftig mit Salz und Pfeffer würzen.

KARTOFFELN, Fisch und Zwiebeln dachziegelartig in eine Auflaufform (ca. 30 × 24 cm; 2,5 l Inhalt) schichten. Den Guss darüber verteilen. Im heißen Ofen (Mitte) ca. 20 Min. backen. Dann den Backofengrill einschalten und den Auflauf noch 5 Min. grillen. Die »nackte« Zitrone in Spalten schneiden und zum Auflauf servieren.

BLUBB **BLUBB** **BLUBB**

Ich liebe Fisch – im Wasser und noch mehr auf dem Teller. Ich liebe Dorade, Seezunge, Kabeljau oder Rotbarsch. Und wenn es die nicht gibt, dann zumindest Chips ohne Fisch.

MAMA-MATZE-TIPP

—

Auflauf entweder in
der Mikrowelle aufwär-
men oder im Backofen –
mit Alufolie abgedeckt
und bei 150°. Dauert
ca. 20 Min.

—

Spinatrisotto mit Garnelen

Ich und Risotto? Niemals, dachte ich. Isse viel zu swierig.
Aber nix da. Mit diesem Rezept ist es niente problema.

ZUBEREITUNGSZEIT: *25 Min.*
FÜR 2 PERSONEN

2 EL Olivenöl
4 EL italienische TK-Kräuter
100 g Risotto-Reis (z. B. Carnaroli)
100 ml trockener Weißwein
(z. B. Riesling)
1 EL Honig
1 EL Gemüsebrühe (instant)
200 g Garnelen (geschält; frisch oder
aufgetaute TK-Ware)
200 g TK-Spinat (aber nicht den zu
Blöcken gepressten)
60 g Parmesan
2 EL Butter
Salz
Pfeffer
1 EL Zitronensaft

IN EINEM TOPF das Olivenöl erhitzen und die Kräuter darin andünsten. Den Reis dazugeben und kurz mitdünsten. Mit dem Wein ablöschen und die Flüssigkeit einkochen lassen.

HONIG UND Instant-Gemüsebrühe dazugeben und unterrühren. 300 ml heißes Wasser aufgießen und bei kleiner bis mittlerer Hitze in 8–10 Min. fast vollständig einköcheln lassen.

DIE GARNELEN abbrausen und trocken tupfen. Den gefrorenen Spinat auf dem Reis verteilen und noch 100 ml heißes Wasser dazugießen. Das Risotto weitere 6 Min. garen, bis die Reiskörner bissfest sind. Dabei nach 2 Min. einmal kräftig umrühren und dann die Garnelen auf den Reis legen. Den Topfdeckel schräg auflegen.

DEN PARMESAN reiben und mit der Butter unter den gegarten Reis rühren. Risotto mit Salz, Pfeffer und Zitronensaft abschmecken – und genießen.

MAMA-MATZE-TIPP

Risotto rühren oder nicht? Weil es bei uns immer schnell gehen musste, weiß ich: Es klappt auch ohne. Die Flüssigkeit kann also ruhig auf einmal dazu.

Backfisch mit Gnocchi-Salat

Geil! Erinnert mich an London! Nur weniger old school.
Denn statt fettiger Pommes gibt es die Kartoffeln hier als Knödelchen im Salat.

ZUBEREITUNGSZEIT: *30 Min.*
FÜR 2 PERSONEN

FÜR DEN FISCH
1 Eigelb
Salz
50 ml Milch
30 ml Mineralwasser mit Kohlensäure
½ TL Zitronensaft
60 g Mehl
½ TL Backpulver
250 g Kabeljaufilet
Pfeffer
Öl zum Ausbacken (ca. 200 ml)

FÜR DEN SALAT
250 g frische Gnocchi
(aus dem Kühlregal)
Salz
½ kleine Salatgurke (ca. 150 g)
½ Bund Radieschen
½ Bund Rucola
50 g Crème fraîche
25 g Buttermilch
Pfeffer
½ Bund Schnittlauch

EIGELB MIT 1 Prise Salz, Milch, Mineralwasser und Zitronensaft verquirlen. Mehl und Backpulver mischen und gut unterrühren. Kurz stehen lassen.

INZWISCHEN FÜR den Salat die Gnocchi nach Packungsanweisung in reichlich Salzwasser garen, abgießen und kurz abkühlen lassen. Die Gurke und die Radieschen waschen und putzen. Gurke längs halbieren, Kerne mit einem Löffel herausschaben und den Rest dünn aufschneiden. Auch die Radieschen in feine Scheiben schneiden. Rucola waschen, trocken schütteln und grob hacken.

FÜR DAS DRESSING in einer Salatschüseel Crème fraîche mit Buttermilch glatt rühren, salzen und pfeffern. Schnittlauch waschen, trocken schütteln und in Röllchen schneiden. Gnocchi und die anderen vorbereiteten Salatzutaten untermischen.

DEN FISCH in 5–6 cm große Stücke schneiden, salzen und pfeffern. Das Öl in einem kleinen Topf erhitzen. Steigen Bläschen auf, wenn du einen Holzlöffelstiel hineintauchst, die Fischstücke portionsweise durch den Teig ziehen und in 3–4 Min. goldbraun ausbacken. Dabei einmal wenden. Auf Küchenpapier abtropfen lassen und mit dem Gnocchi-Salat servieren.

Blitznudeln mit Lachs und Spinat

*Pasta aus dem Kühlregal mag ich, weil sie so schnell fertig ist. Fast Pasta sozusagen.
Statt Lachs mische ich manchmal auch gekochten Schinken in Streifen unter –
je nachdem, was gerade im Kühlschrank ist.*

ZUBEREITUNGSZEIT: *15 Min.*
FÜR 2 PERSONEN

1 EL Sonnenblumenkerne
125 g Kirschtomaten
100 g Babyspinat
75 g geräucherter Lachs
Salz
250 g frische Bandnudeln
(aus dem Kühlregal)
1 TL Olivenöl
50 g Doppelrahm-Frischkäse
mit Knoblauch und Kräutern
Pfeffer

FÜR DIE NUDELN 2 l Wasser aufkochen. Inzwischen in einer großen Pfanne die Sonnenblumenkerne ohne Fett anrösten und herausnehmen. Die Tomaten waschen und halbieren. Den Spinat waschen und abtropfen lassen. Den geräucherten Lachs in schmale Streifen schneiden.

DAS WASSER SALZEN, die Nudeln hineinschütten, umrühren und nach Packungsanweisung garen. Abschütten, dabei 60 ml vom Nudelwasser auffangen und abtropfen lassen. Warm stellen.

NOCH WÄHREND die Nudeln kochen, das Öl in der Pfanne erhitzen. Den Spinat darin unter Wenden in 2–3 Min. zusammenfallen lassen. Das aufgefangene Nudelwasser in einer Tasse mit dem Frischkäse verrühren, dann die Creme unter den Spinat mischen. Die Spinatsoße 2–3 Min. köcheln lassen und mit Salz und Pfeffer abschmecken.

DIE NUDELN unter die Soße rühren. Tomatenhälften und Lachs untermischen. Noch mal abschmecken, auf Teller verteilen und statt Parmesan die gerösteten Sonnenblumenkerne aufstreuen.

MAMA-MATZE-TIPP

Frische Nudeln müssen viel kürzer kochen als getrocknete – oft sogar noch kürzer, als auf der Packung steht. Also lieber schon 1 Min. früher aprobieren.

Klassischer Fall für Dr. Kitchen: nacktes Hähnchen

Nach der Untersuchung kurz mit kaltem Wasser abbrausen, trocken tupfen, dann mit Olivenöl und Brathähnchengewürz einreiben – und ab damit in den Ofen. Darin bräunt es in einer Reine bei 200 ° etwa 90 Min. Zwischendurch pinsele ich es mit dem Bratensaft ein. Schmeckt dreimal so gut wie vom Hähnchenwagen, ist aber nur halb so fettig.

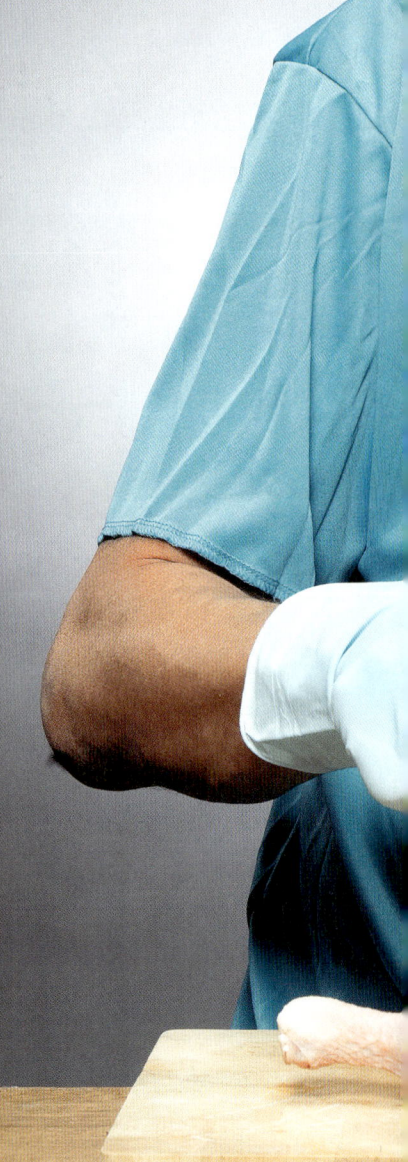

Pasta mit Bratwurstsugo

Pasta con Wurstel: Klingt ja erst mal nach Teutonengrill an der Adria. Aber wenn die Wurst eine Salsiccia ist, hört es sich nicht nur nach Bella Italia an, sondern schmeckt auch so.

ZUBEREITUNGSZEIT: *20 Min.*
FÜR 2 PERSONEN

1 rote Zwiebel
1 Knoblauchzehe
150 g Salsiccia (ersatzweise eine andere rohe Bratwurst)
Salz
200 g kurze Nudeln (z. B. Fusilli)
1 EL Olivenöl
½ TL Fenchelsamen (ersatzweise Oregano)
½ TL getrockneter Thymian
200 g gehackte Tomaten (aus der Dose)
Pfeffer
geriebener Parmesan

DIE ZWIEBEL und den Knoblauch schälen und in Würfel schneiden. Die Salsiccia-Füllung in kleinen Stücken aus der Haut auf einen Teller drücken.

IN EINEM GROSSEN TOPF 2 l Wasser aufkochen und salzen. Die Nudeln darin nach Packungsanweisung al dente garen.

WÄHRENDDESSEN dass Olivenöl in einer Pfanne erhitzen. Zwiebel- und Knoblauchwürfelchen, Fenchelsamen und Thymian kurz darin andünsten. Die Wurststückchen dazugeben und unter Rühren leicht braun braten. Die Tomaten hinzufügen. Die Soße mit Salz und Pfeffer würzen und ohne Deckel sanft köcheln lassen, bis die Nudeln fertig sind.

DIE NUDELN abgießen, abtropfen lassen und in der Pfanne mit dem Bratwurstsugo mischen. Die Pasta auf Teller verteilen und nach Belieben mit geriebenem Parmesan bestreuen.

MAMA-MATZE-TIPP

Der Sugo lässt sich auch mit gemischtem Hackfleisch zubereiten. Dann aber unbedingt noch ein bisschen kräftiger würzen – mit Chiliflocken und mehr Knoblauch.

Teriyaki-Burger

Wer JA sagt, muss auch PAN sagen.
Bei diesem Burger macht selbst ein Japaner große Augen.

ZUBEREITUNGSZEIT: *20 Min.*
FÜR 2 PERSONEN

4 Radieschen
2 EL Weißweinessig
Salz
Pfeffer
4 Frühlingszwiebeln
6 Champignons
300 g Rinderhackfleisch
2 EL Öl
4 EL Teriyakisoße
1 EL Zitronensaft
2 Milchbrötchen (ersatzweise ein anderes möglichst großes, rundes Brötchen)
2 EL Salatmayonnaise
1 Beet Kresse

DIE RADIESCHEN putzen, waschen, in dünne Scheiben schneiden und in eine kleine Schüssel geben. Essig dazugeben, salzen, pfeffern. Die Radieschen kurz marinieren lassen.

DIE FRÜHLINGSZWIEBELN putzen, waschen und in feine Ringe schneiden. Die Pilze putzen und in dünne Scheiben schneiden. Das Hackfleisch zu zwei flachen, runden Pattys formen.

ÖL IN EINER PFANNE erhitzen. Die Pattys darin bei mittlerer bis starker Hitze ca. 4 Min. braten, bis die Unterseite gebräunt ist, salzen. Dann die Pattys wenden, die Pilze mit in die Pfanne geben und alles weitere 4 Min. braten, bis auch die anderen Patty-Seiten gebräunt sind. Ebenfalls salzen.

FRÜHLINGSZWIEBELN in die Pfanne geben, die Pilze salzen und pfeffern und alles mit Teriyakisoße und Zitronensaft ablöschen. Die Pattys im Bratsaft wenden, die Pfanne vom Herd nehmen.

DIE MILCHBRÖTCHEN aufschneiden und kurz toasten, bis sie warm und leicht knusprig sind. Alle Schnittflächen mit Salatmayonnaise bestreichen, Kresse vom Beet schneiden und daraufstreuen. Jeweils die untere Brötchenhälfte zunächst mit den Radieschen, dann mit den Pattys belegen. Die Pilze und Frühlingszwiebeln darauf anrichten und jeweils die obere Brötchenhälfte darauflegen.

OISHII
HAI! MANGA

> Der Mensch ist eine fleischfressende Pflanze. Und ganz ehrlich: Ab und zu mal ein richtig leckerer Burger lässt Männerherzen einfach höherschlagen. Oishii!

Hähnchenkeulen mit Sesammöhren

Ich hab zwar vorne geschrieben, dass Hähnchengewürz für gewürztes Hähnchen völlig ausreicht. Aber es geht natürlich auch ein bisschen feiner. So zum Beispiel macht Hähnchen-Cuisine mächtig Eindruck.

ZUBEREITUNGSZEIT: *60 Min.*
+ 60 Min. zum Marinieren
FÜR 2 PERSONEN

FÜR DIE HÄHNCHENKEULEN
2 Hähnchenkeulen (à ca. 250 g)
2 TL rosenscharfes Paprikapulver
1 TL getrockneter Thymian
1 Prise Zimtpulver
¼ TL gemahlener Kreuzkümmel
Salz
Pfeffer
8 EL Olivenöl

FÜR DIE SESAMMÖHREN
500 g Möhren
2 Zwiebeln
2 EL Sesam
2 EL Sonnenblumenöl
50 ml Gemüsebrühe
2 TL Sojasoße
1 EL flüssiger Honig
Pfeffer
2 Stiele Petersilie

FÜR DIE HÄHNCHENKEULEN die Keulen im Gelenk durchschneiden, kalt abbrausen und mit Küchenpapier trocken tupfen. Paprikapulver, Thymian, Zimt, Kreuzkümmel, Salz, Pfeffer und Öl zu einer Marinade verrühren. Die Hähnchenkeulen damit einreiben und zugedeckt ca. 1 Std. marinieren.

DEN BACKOFEN auf 200° vorheizen. Marinierte Hähnchenkeulen auf ein Backblech legen und im Ofen (Mitte) in ca. 45 Min. knusprig braten, dabei ab und zu wenden.

INZWISCHEN für die Sesammöhren die Möhren putzen, schälen und in Scheiben schneiden. Die Zwiebeln schälen, halbieren und in dünne Ringe schneiden. Sesam in einer Pfanne ohne Fett leicht rösten, vom Herd nehmen und beiseitestellen.

DAS ÖL in einem Topf erhitzen und die Zwiebeln darin anbraten. Die Möhren dazugeben und kurz mit anbraten. Mit der Brühe ablöschen und zugedeckt bei mittlerer Hitze ca. 12 Min. dünsten. Mit Sojasoße, Honig und Pfeffer würzen. Ca. 2 Min. vor Ende der Garzeit den Sesam unterrühren. Die Blättchen von der Petersilie zupfen und über die Möhren streuen. Mit dem Hähnchen anrichten.

MAMA-MATZE-TIPP

Die Keulen sind fertig, wenn klare Flüssigkeit austritt, wenn man mit einem Holzspieß in die dickste Stelle sticht. Ist die Flüssigkeit noch blutig, kurz weitergaren.

Nudelauflauf mit Schinken

Das ist ein Originalrezept von meiner Mama.
Mit dem habe ich kochen gelernt.

ZUBEREITUNGSZEIT: *15 Min.*
+ 30 Min. zum Backen
FÜR 2 PERSONEN

Salz
150 g Spiralnudeln (z.B. Fusilli)
Pfeffer
Flüssige Suppenwürze
200 g gekochter Schinken
(ersatzweise deutsche Mortadella)
2 Eier (Größe M)
120 ml Milch
Butter für die Form und
die Flocken obenauf

2 L WASSER zum Kochen bringen, salzen und die Nudeln nach Packungsangaben al dente kochen. In ein Sieb abgießen, die Nudeln abtropfen lassen und dann in eine Schüssel füllen. Kräftig pfeffern und noch ein bisschen salzen.

DEN BACKOFEN auf 200° vorheizen. Schinken beziehungsweise Mortadella in Streifen schneiden und unter die Nudeln mischen. Eier und Milch in einer Tasse verrühren, salzen und pfeffern. Und jetzt noch ein paar Spritzer von der Suppenwürze.

EINE AUFLAUFFORM fetten. Die Nudel-Schinken-Mischung hineingeben und die Eiermilch darübergießen. Obenauf viele Butterflöckchen setzen. Im heißen Ofen 30 Min. backen.

ORIGINAL MAMA-REZEPT

Scaloppine in Salbeibutter

Diese Schnitzelchen sind Instant-Dolce-Vita vom Feinsten.
Damit habe ich sogar die feinste aller Frauen überrascht: meine Mama.

ZUBEREITUNGSZEIT: *20 Min.*
FÜR 2 PERSONEN

4 Stängel Salbei
2 Knoblauchzehen
2 dünne Kalbsschnitzel (à ca. 150 g)
2 EL Olivenöl
Pfeffer
2 EL Honig
100 ml trockener Weißwein
2 EL Zitronensaft
2 EL Butter
Salz

Ich esse zu Scaloppine am liebsten breite Nudeln. Die sind schon selbstständig und kochen alleine vor sich hin, während ich mich um die Schnitzelchen kümmere. Die sind ja noch klein.

DEN SALBEI abbrausen und trocken schütteln, die Blätter abzupfen, große Blätter etwas kleiner schneiden. Den Knoblauch schälen und in feine Scheiben schneiden.

DIE KALBSSCHNITZEL in je 4 gleich große Stücke schneiden. Jedes Stück mit einem schweren Messer glatt streichen oder unter Frischhaltefolie mit der platten Seite eines Fleischklopfers vorsichtig flach klopfen.

OLIVENÖL in einer Pfanne erhitzen und die Schnitzelchen darin bei mittlerer bis starker Hitze auf jeder Seite 2–3 Min. anbraten, dabei kräftig pfeffern. Aus der Pfanne nehmen und auf einen Teller legen, damit sich austretender Fleischsaft sammeln kann.

SALBEI in die Pfanne geben und andünsten, den Knoblauch dazugeben und kurz mitdünsten. Den Honig unterrühren und mit dem Wein ablöschen, Zitronensaft und den ausgetretenen Fleischsaft hinzufügen. Die Soße kurz einköcheln lassen.

DIE BUTTER in die Pfanne geben und in der Soße schmelzen, mit Salz und Pfeffer würzen. Die Schnitzel kurz in der Salbeibutter schwenken, dann sind sie fertig zum Schnabulieren.

Spicy Chicken

So geht meine Tex-Mex-Party mal zwei. Und wenn ich für mich alleine koche und Bock auf feuriges Hähnchen habe, hebe ich den Rest einfach auf und mache mir am nächsten Tag würzige Chicken-Tacos.

ZUBEREITUNGSZEIT: *25 Min.*
FÜR 2 PERSONEN

*1 Dose Kidneybohnen
(ca. 250 g Abtropfgewicht)
je 1 rote und gelbe Paprikaschote
1 Bund Frühlingszwiebeln
2 Knoblauchzehen
250 g Hähnchenbrustfilet
1 EL Öl
1 EL brauner Zucker
2 TL edelsüßes Paprikapulver
1 TL gemahlener Kreuzkümmel
(gibt's im Supermarkt oder
beim Türken um die Ecke)
1 TL Sambal Oelek
2 EL Limettensaft
Salz
Pfeffer*

KIDNEYBOHNEN IN EIN SIEB abgießen, abbrausen und abtropfen lassen. Die Paprikaschoten halbieren, weiße Trennwände und Kerne entfernen, die Hälften waschen und 1 cm groß würfeln. Frühlingszwiebeln putzen, waschen, fein schneiden.

KNOBLAUCH SCHÄLEN und fein würfeln. Hähnchenfilet kurz mit kaltem Wasser abbrausen, trocken tupfen und in ca. ½ cm breite Streifen schneiden.

ÖL IN EINER PFANNE erhitzen. Darin die Paprikawürfel 4–5 Min. bei mittlerer Hitze anbraten. Den Knoblauch dazugeben und kurz mitbraten. Die Hähnchenfiletstreifen und Bohnen untermischen und alles ca. 5 Min. weiterbraten, bis das Fleisch knapp gar ist.

ZUCKER ÜBER die Hähnchen-Bohnen-Mischung streuen und karamellisieren lassen. Dann Paprikapulver, Kreuzkümmel und Sambal Oelek unterrühren und mit Limettensaft ablöschen. Ganz zum Schluss die Frühlingszwiebeln untermischen und mit Salz und Pfeffer abschmecken.

MAMA-MATZE-TIPP

Wenn beim Würzen das Sambal-Gläschen ausgerutscht ist, etwas mehr Zucker und Limettensaft dazugeben oder pürierte Avocado zum Chicken reichen.

Spitzkohl-Cabanossi-Kuchen

Wenn man es erst mal raushat, ist der fluffige Quark-Öl-Teig ruck, zuck gemacht. Und weil er im Gegensatz zu Pizzateig nicht aufgehen muss, geht's doppelt schnell. Super, wenn gleich Anpfiff ist und ich dringend auf die Couch muss.

ZUBEREITUNGSZEIT: *30 Min.*
+ 25 Min. zum Backen
FÜR 1 BLECH (18 STÜCKE)

FÜR DEN TEIG
200 g Magerquark
8 EL Öl
300 g Dinkelvollkornmehl
¾ Päckchen Backpulver (12 g)
Salz
Mehl zum Arbeiten

FÜR DEN BELAG
1 Zwiebel
1 Spitzkohl (ca. 1 kg)
1 EL Öl (z. B. Rapsöl)
1 TL scharfes geräuchertes Paprikapulver
1 TL gemahlener Kreuzkümmel
1 TL Honig
Salz
Pfeffer
120 g Cabanossi

FÜR DEN TEIG den Quark auf ein feines Sieb geben und ca. 15 Min. abtropfen lassen. Währenddessen für den Belag die Zwiebel schälen und würfeln. Den Spitzkohl waschen, vierteln und in feinen Streifen vom Strunk schneiden. Das Öl in einer großen Pfanne erhitzen. Die Zwiebel darin andünsten. Den Kohl zugeben und unter Wenden 10 Min. dünsten. Mit Paprikapulver, Kreuzkümmel, Honig, Salz und Pfeffer würzen, abkühlen lassen.

BACKOFEN AUF 200° vorheizen. Für den Teig den abgetropften Quark mit dem Öl in einer Schüssel mischen. Das Mehl mit Backpulver und 1 TL Salz in einer zweiten Schüssel mischen. Die Hälfte davon zur Quarkmischung geben und unterrühren. Die zweite Hälfte Mehl zugeben und unterkneten, bis ein glatter Teig entstanden ist. Je nach Konsistenz 3–5 EL Wasser unterkneten. Den Teig auf einem leicht bemehlten Stück Backpapier in Blechgröße ausrollen. Mitsamt Papier auf das Backblech ziehen und mit den Fingern bis an den Rand drücken.

DEN BELAG auf den Teig geben und gleichmäßig verteilen. Die Cabanossi pellen, in dünne Scheiben schneiden und auf dem Belag verteilen. Den Kuchen im vorgeheizten Ofen (Mitte) 25 Min. backen. In Stücke schneiden und warm servieren.

Filetpfanne mit Spätzle

Falls Jogi Löw mal auf einen Sprung vorbeikommt, um sich taktische Tipps bei mir zu holen, muss ich auch ein Gericht mit Spätzle auf der Pfanne haben.
Hier mal eine Variante mit Fleisch.

ZUBEREITUNGSZEIT: *25 Min.*
FÜR 2 PERSONEN

2 EL Öl (z. B. Rapsöl)
200 g frische Spätzle
(aus dem Kühlregal)
200 g Kräuterseitlinge (gibt's im gut
sortierten Supermarkt, es geht aber
auch mit braunen Champignons)
8 Stangen grüner Spargel
300 g Schweinefilet
1 EL Honig
2 EL Aceto balsamico
250 ml heiße Gemüsebrühe
4 EL Crème fraîche
Salz
Pfeffer

MAMA-MATZE-TIPP

Im Winter kann man den Spargel durch 300 g Sauerkraut ersetzen. Kurz mit den angebratenen Pilzen mitbraten, sonst bleibt alles gleich.

IN EINER PFANNE 1 EL Öl erhitzen. Darin die Spätzle bei mittlerer Hitze zugedeckt 6–7 Min. anbraten, dabei hin und wieder durchrühren.

INZWISCHEN die Kräuterseitlinge putzen und in dünne Scheiben schneiden. Spargel waschen, im unteren Drittel schälen und in ca. 3–4 cm lange Stücke schneiden. Das Schweinefilet in ca. 2 cm dicke Scheiben schneiden.

DIE SPÄTZLE aus der Pfanne nehmen und warm stellen. Übriges Öl in der Pfanne erhitzen und das Fleisch darin kurz anbraten, herausnehmen. Pilze und Spargel anbraten, bis sie leicht gebräunt sind. Den Honig dazugeben und leicht karamellisieren lassen, mit 1 EL Essig ablöschen. Die Brühe angießen und offen 4 Min. einkochen lassen. Crème fraîche unterrühren, salzen, kurz einkochen lassen.

DAS FILET in die Soße legen und zugedeckt bei kleiner Hitze 3 Min. ziehen lassen. Durch, nicht weg. Mit Salz, Pfeffer und dem übrigen Essig abschmecken und mit den Spätzle servieren.

146

Kartoffel-Hackfleisch-Auflauf

*Lasagne mit Kartoffeln, da muss man erst mal drauf kommen.
So wie ich. Schmeckt nämlich megalecker. Deshalb mache ich wie
bei allen Aufläufen immer gleich die doppelte Portion.*

ZUBEREITUNGSZEIT: *45 Min.*
+ 30 Min. zum Backen
FÜR 4 PERSONEN

1 kg Kartoffeln
(vorwiegend festkochend)
500 g Blumenkohl
1 Stange Lauch
1 EL Öl (z. B. Rapsöl)
400 g gemischtes Hackfleisch
Salz
Pfeffer
1 TL getrockneter Majoran
30 g Butter
30 g Mehl
500 ml Milch
100 g geriebener Emmentaler
Butter für die Form

MAMA-MATZE-TIPP

Blumenkohl in möglichst wenig Wasser dünsten, sonst gehen zu viele Vitamine verloren. Ein paar Spritzer Zitronensaft ins Wasser geben, dann bleibt er weiß.

KARTOFFELN waschen und mit Schale in 20 Min. weich garen. Blumenkohl waschen, in Röschen teilen und in wenig Wasser zugedeckt ca. 10 Min. dünsten. Lauch putzen, waschen, längs halbieren und in Streifen schneiden. Öl in einer Pfanne erhitzen und das Hackfleisch darin ca. 5 Min. krümelig anbraten. Lauch dazugeben und 2–3 Min. weiterbraten. Mit Salz, Pfeffer und Majoran würzen.

DEN BACKOFEN auf 200° vorheizen. Blumenkohl fein pürieren. Für die Soße die Butter zerlassen, das Mehl darin anschwitzen, die Milch einrühren und ca. 10 Min. köcheln lassen. Die Hälfte des Emmentalers dazugeben und schmelzen. Blumenkohlpüree einrühren. Salzen und pfeffern.

EINE AUFLAUFFORM (ca. 30 × 24 cm; 2,5 l Inhalt) fetten. Die Kartoffeln abgießen, kalt abschrecken, pellen und in Scheiben schneiden. Den Boden der Form mit einer Lage Kartoffeln bedecken. Die Hälfte des Hackfleischs darauf verteilen. Etwa ein Drittel der Soße daraufgeben. Jetzt kommen wieder Kartoffeln drauf, dann das Hackfleisch bis auf 2 EL. Dann die Hälfte der restlichen Soße. Den Rest Kartoffeln dachziegelartig aufschichten. Soße daraufklecksen, Hackfleisch verteilen, mit übrigem Käse bestreuen. Im Ofen (Mitte) ca. 30 Min. backen.

Schnitzel und Kartoffelsalat

Noch ein Originalrezept von zu Hause.

ZUBEREITUNGSZEIT: *35 Min.*
+ 1 Std. zum Durchziehen
+ 15 Min. zum Schnitzelbraten
FÜR 2 PERSONEN

FÜR DEN KARTOFFELSALAT
350 g Kartoffeln (festkochend)
Salz
1 Zwiebel
½ Glas Gewürzgurken (ca. 180 g Abtropfgewicht; plus 2–3 EL Gurkenwasser)
1–2 Äpfel
2 hart gekochte Eier
125 g Mayonnaise
150 g Naturjoghurt
1 EL Olivenöl
1–2 EL Dosenmilch
Pfeffer

FÜR DIE SCHNITZEL
2 Schweineschnitzel (à ca. 120 g; wahlweise Putenschnitzel)
Salz, Pfeffer
25 g Mehl
75 g Semmelbrösel
1 Ei
1 EL Dosenmilch
50 g Butterschmalz

KARTOFFELN in Schale in Salzwasser 20–25 Min. kochen. Abgießen, noch lauwarm pellen und in Scheiben schneiden – direkt in eine große Schüssel. Zwiebeln schälen und fein würfeln. Gewürzgurken in Scheibchen schneiden. Äpfel waschen, schälen, vierteln und das Kerngehäuse entfernen. Das Fruchtfleisch in Würfel schneiden. Sofort mit dem Gurkenwasser vermischen. Eier ebenfalls würfeln. Alles zu den Kartoffeln geben.

MAYONNAISE, JOGHURT, Olivenöl und Dosenmilch verrühren. Mit Salz und Pfeffer kräftig würzen. Über die Salatzutaten geben und alles vorsichtig miteinander vermengen. Mindestens 1 Std. ziehen lassen (wenn er länger steht, im Kühlschrank). Vor dem Servieren nochmals abschmecken.

DIE SCHNITZEL dünn klopfen, von beiden Seiten salzen und pfeffern. Mehl und Semmelbrösel auf zwei Teller geben. In einem dritten Teller Ei mit Dosenmilch verrühren. Die Schnitzel erst in Mehl wenden, dann durchs Ei ziehen und schließlich mit Semmelbrösel panieren.

BUTTERSCHMALZ in einer großen Pfanne erhitzen und die Schnitzel bei kleiner Hitze auf jeder Seite etwa 4 Min. goldbraun ausbacken. Herausnehmen, auf Küchenkrepp kurz abtropfen lassen und mit dem Kartoffelsalat servieren.

ORIGINAL
MAMA-REZEPT

Rinderfilet mit Rotweinsoße

Das perfekte Gericht zum Schwiegereltern-um-die-Finger-Wickeln. Wer so ein echt feines Sößchen hinkriegt, kann einfach kein schlechter Ehemann sein. Danach kannst du das Rezept natürlich auch halbieren und in trauter Zweisamkeit genießen.

ZUBEREITUNGSZEIT: *15 Min.*
FÜR 4 PERSONEN

400 g Rinderfilet
Salz
Cayennepfeffer
4 EL Olivenöl
240 ml trockener Rotwein
2 EL Aceto balsamico
120 ml Instant-Gemüsebrühe
2 TL Tomatenmark
2 TL Fenchelsamen (wer hat und mag, ansonsten: einfach weglassen)
½ TL Sambal Oelek
½ TL Zucker

DAS RINDERFILET quer zur Faser in 8 gleich dicke Scheiben schneiden und rundum mit Salz und Cayennepfeffer würzen.

2 EL OLIVENÖL in einer Pfanne erhitzen. Die ersten vier Filetscheiben darin bei starker Hitze auf jeder Seite 1–2 Min. anbraten. Das Fleisch aus der Pfanne nehmen und in Alufolie gewickelt beiseitelegen. Die restlichen Fleischstücke ebenso braten und einwickeln.

ROTWEIN, ACETO BALSAMICO und die Gemüsebrühe in die Pfanne gießen. Tomatenmark und Fenchelsamen dazugeben, alles gut vermischen. Mit Salz, Sambal Oelek und Zucker würzen. Die Soße 1–2 Min. bei starker Hitze einkochen lassen.

FLEISCH SAMT angesammeltem Bratensaft zur Soße geben. Alles 4–5 Min. bei geringer Hitze köcheln lassen, die Filets dabei einmal wenden.

MAMA-MATZE-TIPP

Ich würde dazu auf jeden Fall Kartoffeln servieren – als Salzkartoffeln, Gratin oder Püree. Wenn es schnell gehen soll, können es sogar TK-Pommes sein.

Mittelmeerröllchen

Zu dieser knusprigen Ofenware mit richtig Aroma braucht es eigentlich nur noch ein paar Scheiben italienisches Weißbrot. Wenn ich richtig Kohldampf habe, mache ich mir dazu aber auch gerne Pasta mit einem dicken Klecks rotem Pesto aus dem Glas.

ZUBEREITUNGSZEIT: *10 Min.*
+ 15 Min. zum Braten
FÜR 2 PERSONEN

250 g Schweinefilet
Salz
Cayennepfeffer
1 EL getrockneter Rosmarin
(wahlweise Oregano)
3 Scheiben Serrano-Schinken (ca. 100 g;
ersatzweise ein anderer milder, roher
Schinken oder Frühstücksspeck)
2 EL Olivenöl

DEN BACKOFEN auf 200° vorheizen. Das Schweinefilet in 6 gleich große Stücke schneiden und rundherum ordentlich mit Salz, Cayennepfeffer und Rosmarin würzen.

DIE SCHINKENSCHEIBEN der Länge nach halbieren und jedes Schweinefiletstück mit 1 Schinkenstreifen umwickeln.

EINE KLEINE OFENFESTE REINE oder Pfanne mit 1 EL Olivenöl ausstreichen. Die schinkenumwickelten Fleischröllchen hineinsetzen, mit dem restlichen Olivenöl beträufeln.

DIE REINE oder Pfanne in den heißen Ofen (Mitte) schieben und die Röllchen ca. 15 Min. braten. Dann herausnehmen und gleich servieren.

SCHMACKO FATZ

MHHH

»Molto bene«, würde Luca Toni dazu wohl sagen. Ausprobieren will ich das dann aber doch lieber nicht, sonst bleibt am Ende nichts mehr für mich übrig. Scusi, Luca!

Schnelles Hähnchencurry

Das nenn ich mal Aromatherapie in der Küche: Arme verschränken, kurz bzaubernd mit den Augen blinzeln und sich vom Duft der Currygewürze ruckizucki in eine exotische Welt beamen lassen.

ZUBEREITUNGSZEIT: *25 Min.*
FÜR 2 PERSONEN

1 Zwiebel
1 Stück frischer Ingwer (ca. 4 cm)
300 g Hähnchenbrustfilet
2 EL Öl (z. B. Rapsöl)
1 EL Currypulver
2 EL Tomatenmark
150 g Kokosmilch
400 g Brokkoli (frisch oder TK)
Salz
2 EL Mango-Chutney (aus dem Glas)
Pfeffer
1 EL Zitronensaft
2 Naan-Brote
(indisches Fladenbrot
aus dem Supermarkt)

MAMA-MATZE-TIPP

Statt Hähnchen 1 kleine Dose Kichererbsen abgießen, mit 75 ml Wasser zur Zwiebel geben und 10 Min. köcheln. Dann geht es weiter wie oben.

DIE ZWIEBEL und den Ingwer schälen und fein würfeln. Das Hähnchenbrustfilet kurz unter kaltem Wasser abbrausen, dann trocken tupfen und in kleine Würfel schneiden.

DAS ÖL in einem Topf erhitzen und die Zwiebel darin bei mittlerer Hitze unter Rühren andünsten. Ingwer und Fleisch dazugeben und unter Wenden ca. 5 Min. braten. Currypulver darüberstäuben und Tomatenmark unterrühren. 200 ml Wasser angießen und die Kokosmilch dazugeben. Zum Kochen bringen und alles ca. 15 Min. köcheln lassen.

INZWISCHEN den Brokkoli waschen und in Röschen teilen. In Salzwasser in ca. 8 Min. bissfest garen (bei TK-Brokkoli auf die Packung schauen, wie lang es dauert). In ein Sieb abgießen, kalt abschrecken und abtropfen lassen.

ERST DAS MANGO-CHUTNEY, dann den Brokkoli unter das Curry rühren. Mit Salz, Pfeffer und Zitronensaft abschmecken. Die Naan-Brote kurz toasten und dazu servieren.

Frikadellen mit Kartoffeln und Bohnen

Mamas Frikadellen sind einfach die besten. Und fast noch besser ist das geile Dosengemüse dazu. Klar könnte man auch frische Bohnen kochen, aber so ist es jedes Mal eine Gratisreise in die Kindheit.

ZUBEREITUNGSZEIT: *35 Min.*
FÜR 2 PERSONEN

*400 g Kartoffeln
(vorwiegend festkochend)
Salz
1 Brötchen
300 g Hackfleisch halb und halb
Pfeffer
1 EL Öl
1 Dose grüne Bohnen
(Abtropfgewicht 220 g)
30 g Butter
1 Prise Instant-Brühe (nach Belieben)
2 EL Mehl*

KARTOFFELN SCHÄLEN und in Salzwasser 20 Min. weich kochen. Abgießen und abdampfen lassen. Während die Kartoffeln garen, das Brötchen in einer Schüssel mit lauwarmem Wasser übergießen und etwa 10 Min. einweichen. Dann ausdrücken und mit dem Hackfleisch vermischen. Die Masse mit Salz und Pfeffer würzen und 8 Minifrikadellen (oder 4 große) formen. In einer Pfanne Öl erhitzen und die Frikadellen auf jeder Seite 4–5 Min. darin braten. Warm stellen.

DIE BOHNEN abgießen (dabei das Bohnenwasser auffangen). Butter in einem Topf erhitzen, die Bohnen darin warm werden lassen und mit Salz und Pfeffer, wahlweise auch Instant-Brühe, würzen.

FÜR DIE SOSSE das Bohnenwasser mit einem halben Glas Wasser (ca. 100 ml) aufkochen. Butter und Mehl verkneten, portionsweise in die Flüssigkeit geben und unter ständigem Rühren schmelzen lassen, damit die Soße schön sämig wird. Eventuell braucht es nicht die ganze Mehlbutter. Wieder mit Salz und Pfeffer oder Instant-Brühe würzen.

ORIGINAL MAMA-REZEPT

MAMA-MATZE-TIPP

—

Den Braten anfangs
unbedingt abdecken.
Sonst wird das Fleisch
trocken, weil die Schmor-
flüssigkeit verdampft.

—

Schweinebraten mit Knödeln

Zugegeben, ein bisschen aufwendig ist dieser Sonntagsklassiker schon. Dafür kannst du damit aber auch mächtig Eindruck schinden. Und er macht bis zu vier hungrige Personen satt und glücklich.

ZUBEREITUNGSZEIT: *30 Min.*
+ 1 Std. 15 Min. zum Garen
FÜR 4 PERSONEN

FÜR DEN BRATEN
1,2 kg Schweinebraten
(am besten aus dem Nacken)
Salz, Pfeffer
2 EL Senf
3–4 große Zwiebeln
2 Stiele Majoran
4 EL Butterschmalz
600 ml Fleischbrühe
1–2 TL edelsüßes Paprikapulver
2 Lorbeerblätter
200 ml Malzbier
40 g kalte Butter

FÜR DIE KNÖDEL
1 Packung Knödelteig (für 4–6 Knödel;
aus dem Kühlregal)
Salz

FÜR DEN BRATEN den Backofen auf 180° vorheizen. Fleisch rundum mit Salz und Pfeffer würzen und mit Senf bestreichen. Zwiebeln schälen und in Spalten schneiden. Majoran waschen und trocken tupfen. Butterschmalz in einer großen Pfanne erhitzen und das Fleisch rundum ca. 6 Min. anbraten. Zwiebeln dazugeben und ca. 2 Min. mitbraten.

DEN BRATEN und die Zwiebeln in ein tiefes Backblech geben, die Brühe dazugießen und Majoran, Paprika und Lorbeer hinzufügen. Den Braten im Ofen (Mitte) ca. 1 Std. schmoren, dabei die ersten 30–40 Min. mit Alufolie abdecken.

DAS BLECH herausnehmen, den Braten mit Malzbier begießen und noch ca. 15 Min. ohne Folie schmoren. So wird die Kruste schön knusprig. Herausnehmen, auf eine Platte legen und bei 50° im Ofen warm halten. Den Fond vom Blech durch ein Sieb in einen Topf gießen und etwas einkochen lassen.

WÄHREND DER BRATEN gart, aus dem Knödelteig nach Packungsanweisung 4–6 Knödel formen und in Salzwasser garen. Herausheben und gut abtropfen lassen. Die kalte Butter unter die Soße rühren, bis sie bindet. Mit Salz und Pfeffer abschmecken.

Grießbrei mit Beeren

*Hoppla, mal was Veganes! Als Kind gab es den Begriff »vegan« noch gar nicht.
Da war das einfach das Highlight in Mutters 5-Sterne-Hotel und hieß:
»Kann ich noch mehr davon haben?«*

ZUBEREITUNGSZEIT: *20 Min.*
FÜR 2 PERSONEN

*150 g TK-Beerenmischung
1 TL Speisestärke
50 g brauner Zucker
50 g Weichweizengrieß
1 Päckchen Bourbonvanillezucker
Zimtpulver
1 Prise Salz
400 ml Soja-, Hafer- oder Reisdrink
(gibt's mittlerweile sogar im Discounter
und steht meistens bei der H-Milch)*

DIE GEFRORENEN BEEREN in einem Topf mit der Stärke und 2 EL braunem Zucker mischen, erhitzen und unter Rühren bei geringer Hitze 1 Min. sanft köcheln lassen. Den Topf vom Herd nehmen.

GRIESS, RESTLICHEN BRAUNEN ZUCKER, Vanillezucker, 1 Prise Zimt, Salz und den Pflanzendrink in einem zweiten Topf verrühren. Alles erhitzen und unter Rühren bei geringer bis mittlerer Hitze in ca. 3 Min. zu einem leicht dicklichen Brei einkochen lassen. Grießbrei in zwei tiefe Teller oder Schälchen verteilen und 5 Min. abkühlen lassen.

GRIESSBREI MIT EIN WENIG Zimtpulver bestäuben. Die Beeren auf dem Brei anrichten und alles noch warm servieren.

MAMA-MATZE-TIPP

Ist der Brei zu weich, einfach noch Grieß dazugeben. Zu fest geworden? Auf ein Blech streichen, kalt werden lassen, in Rauten schneiden und in Butter braten.

Schokobecher

In Schokolade könnte ich mich ja reinlegen.
Wem es auch so geht, der verhundertfacht grob die Mengenangabe
und nimmt statt der Dessertgläser einfach die Badewanne.

ZUBEREITUNGSZEIT: *15 Min.*
+ mindestens 1 Std. zum Kühlen
FÜR 2 PERSONEN

80 g Zartbitterschokolade (60 % Kakao)
200 g Schlagsahne
2 Päckchen Bourbonvanillezucker
3 EL Haselnuss-Krokant (aus der Tüte,
liegt im Regal bei den Backzutaten)

EINEN KLEINEN TOPF 2 Fingerbreit mit Wasser füllen und erhitzen. Eine kleine Schüssel (am besten aus Metall) in den Topf hängen.

DIE HÄLFTE der Schokolade in grobe Stücke brechen, in die Schüssel geben und unter Rühren in dem heißen Wasserbad vorsichtig schmelzen lassen. Dabei wie ein Schlosshund aufpassen, damit kein Wasser in die Schokolade spritzt. Dann die Schüssel vom Topf nehmen.

DIE ÜBRIGE SCHOKOLADE auf der Gemüsereibe grob raspeln. Die Sahne mit dem Vanillezucker in einem hohen Rührbecher mit den Schneebesen des elektrischen Handrührgeräts steif schlagen.

GESCHMOLZENE UND GERASPELTE Schokolade und 2 EL Haselnuss-Krokant zur Sahne dazugeben und alles gut vermischen.

SCHOKOSAHNE IN DESSERTGLÄSER füllen, mit Folie abdecken und mindestens 1 Std. im Kühlschrank kalt stellen. Dann die Schokobecher mit dem restlichen Haselnuss-Krokant bestreut servieren.

MAMA-MATZE-TIPP

Damit die Sahne richtig steif wird, muss sie ganz kalt sein. Und die Schüssel, in der man sie schlägt, am besten auch.

Für 2 Personen:

500 g Erdbeeren waschen, trocken tupfen, entstielen und in einer großen Schüssel mit einer Gabel zerdrücken. 2 EL Zucker (oder mehr oder weniger) darüberstreuen, 500 ml Milch dazugießen und 2 Milchbrötchen in kleinen Stücken hineinzupfen. Einmal alles durchmischen, 5 Min. stehen lassen, fertig!

ORIGINAL MAMA-REZEPT

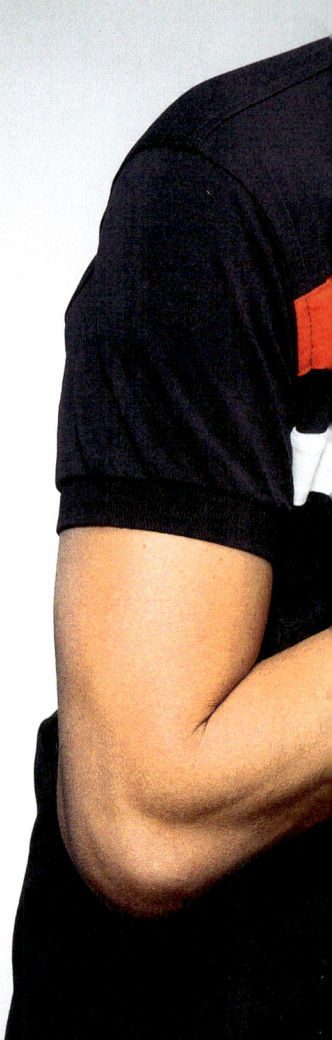

Mamas Hetschepetsch

Kaiserschmarren

Schmarren, hat mir der Franz erklärt, gibt es eigentlich nur für Kaiser.
Der hier gelingt aber so kinderleicht, dass ich ihn auch für mich alleine mache.

ZUBEREITUNGSZEIT: *30 Min.*
FÜR 4 PERSONEN

125 g Mehl
Salz
4 EL Zucker
200 ml Milch
100 g Schlagsahne
4 Eier (Größe M)
50 g Butter
30 g Rosinen
Puderzucker zum Bestäuben

DAS MEHL mit 1 Prise Salz, 1 EL Zucker, Milch und Sahne glatt rühren. Die Eier trennen, die Eigelbe unter den Teig rühren, die Eiweiße mit 1 EL Zucker steif schlagen und vorsichtig unterheben.

DIE BUTTER in einer großen beschichteten Pfanne zerlassen. Den Teig hineingeben und die Rosinen großzügig darauf verteilen. Den Teig bei mittlerer Hitze 5–7 Min. backen, bis er gestockt und auf der unteren Seite goldbraun ist.

DEN KAISERSCHMARREN auf einen großen Teller gleiten lassen mithilfe eines zweiten Tellers wenden und wieder zurück in die Pfanne gleiten lassen – muss man üben, aber dann kann man angeben. Die zweite Seite backen, bis sie ebenfalls leicht gebräunt ist und sich gut vom Pfannenboden löst. Dann den Schmarren mit zwei Gabeln wie ein Hüttenwirt in grobe Stücke zerteilen.

DEN RESTLICHEN ZUCKER in einer zweiten Pfanne schmelzen lassen. Den Kaiserschmarren dazugeben und unter Rühren leicht karamellisieren. Mit Puderzucker bestäuben und sofort servieren.

MAMA-MATZE-TIPP

Die Eier ganz sauber trennen. Wenn ein Rest Eigelb im Eiweiß ist, wird es nicht steif.

Zwetschgenknödel

Mamas Zwetschgenknödel wirken wie der Fluxkompensator aus »Zurück in die Zukunft« und katapultieren mich binnen Sekunden im kulinarischen DeLorean zurück in meine Kindheit.

ZUBEREITUNGSZEIT: *45 Min.*
FÜR 8–10 STÜCK

800 Kartoffeln (mehligkochend)
Salz
8–10 Zwetschgen
(ersatzweise kleine Aprikosen)
8–10 Würfelzucker
1 Ei (Größe M)
120–160 g Mehl
120 g Butter
80 g Semmelbrösel
Zucker (nach Belieben)

KARTOFFELN WASCHEN und in leicht gesalzenem Wasser 20–25 Min. weich kochen. Zwetschgen waschen und entsteinen. Dabei die Hälften nicht ganz trennen. Je 1 Zuckerwürfel reinstecken.

KARTOFFELN ABGIESSEN, kurz abdampfen lassen, pellen und noch heiß durch eine Kartoffelpresse drücken. Ei und nach und nach so viel Mehl zugeben, dass ein griffiger Teig entsteht. Den Teig zu einer Rolle formen und diese in 8–10 gleich große Stücke schneiden.

JEDES TEIGSTÜCK flach drücken, 1 Zwetschge auflegen, den Teig darüberschlagen und alles in den leicht bemehlten Händen zu Knödeln rollen.

IN EINEM GROSSEN TOPF reichlich Salzwasser zum Kochen bringen. Die Zwetschgenknödel vorsichtig hineingeben. Die Hitze reduzieren und die Knödel ca. 10 Min. im siedenden Wasser ziehen lassen, bis sie an der Oberfläche schwimmen. Dann mit einer Schaumkelle herausheben und abtropfen lassen.

WÄHREND DIE KNÖDEL ziehen, in einer Pfanne die Butter schmelzen und die Semmelbrösel darin rösten. Die abgetropften Knödel dazugeben und unter leichtem Rütteln 2–3 min. mitbraten. Auf dem Teller dann noch nach Belieben Zucker aufstreuen.

ORIGINAL MAMA-REZEPT

Beeren-Joghurt-Eis mit Schokolade

Eis geht immer. Und weil sich dieses im Tiefkühler zwei Wochen hält, lohnt es sich auch gar nicht, eine kleinere Menge zuzubereiten.

ZUBEREITUNGSZEIT: *15 Min. + 20 Min. zum Kühlen*
FÜR 4 PORTIONEN

100 g Zucker
100 g cremiger Joghurt
(z. B. griechischer)
50 g Schlagsahne
300 g TK-Beerenmischung
1 EL Zitronensaft
50 g Schokoladenraspel
(60 % Kakao)

DEN ZUCKER mit dem Joghurt und der Sahne gründlich verrühren.

DIE JOGHURT-SAHNE mit den gefrorenen Beeren und dem Zitronensaft mit dem Pürierstab oder in der Küchenmaschine fein pürieren. Aber nicht zu lange, sonst wird's zu flüssig. Dann die Schokoladenraspel unterrühren.

DIE MISCHUNG in eine Metallschüssel füllen und zugedeckt im Tiefkühlfach in ca. 20 Min. durchkühlen lassen.

VOM FERTIGEN EIS Kugeln abstechen – oder einfach die ganze Schüssel mit aufs Sofa nehmen …

MAMA-MATZE-TIPP

Wer mag, kann auch TK-Blaubeeren oder Erdbeeren auf diese Weise zu Eis verarbeiten oder statt Joghurt Quark oder Crème fraîche verwenden.

Süße Lasagne mit Aprikosen

Aprikose in der Hose, Marmelade im Schuh?
Egal, mit dieser süßen Lasagne bringst du als gefühlter Halb-Italiener
auf jeden Fall die Frauenherzen zum Höherschlagen.

ZUBEREITUNGSZEIT: *25 Min.*
+ 30 Min. zum Backen
FÜR 4 PERSONEN

1 Päckchen Sahnepuddingpulver
(für 500 ml Milch; zum Kochen)
300 ml Milch
40 g Zucker
2 EL Mohn
500 g reife Aprikosen (ersatzweise
1 große Dose Aprikosenhälften)
30 g Amarettini
(italienische Mandelkekse)
1 EL Butter
250 g Magerquark
2 Eier (Größe M)
6 Lasagneplatten
Fett für die Form
Puderzucker zum
Bestreuen

MAMA-MATZE-TIPP

Streusel kann man auch schnell selbst kneten – aus 200 g Mehl und je 100 g Zucker und kalter Butter. Dazu kommt noch eine Miniprise Salz.

PUDDINGPULVER mit 50 ml Milch glatt rühren. Die restliche Milch mit Zucker und Mohn aufkochen. Angerührtes Puddingpulver mit einem Schneebesen einrühren, unter Rühren erneut aufkochen und ca. 1 Min. köcheln lassen. In eine Rührschüssel füllen und lauwarm abkühlen lassen.

BACKOFEN AUF 180° vorheizen. Die Aprikosen waschen, halbieren und entsteinen bzw. Aprikosen aus der Dose in ein Sieb abgießen und gut abtropfen lassen. Kekse zerbröseln und mit den Händen mit 1 EL Butter verkneten bzw. zwischen den Händen zerreiben. Nicht zu lang drin rummatschen: Es soll kein glatter Teig werden, sondern Brösel.

AUFLAUFFORM (ca. 25 × 15 cm; 1,2 l Inhalt) fetten. Quark und Eier unter den Pudding rühren. Den Boden der Form mit Lasagneplatten auslegen. Etwas Creme darauf verteilen und mit Aprikosen belegen. Wieder mit Lasagneplatten, Creme und Aprikosen belegen. Alle Zutaten auf diese Weise einschichten, mit Creme und Aprikosen enden.

DIE APRIKOSENLASAGNE im heißen Ofen (Mitte) 25–30 Min. backen. Ca. 10 Min. vor Ende der Garzeit mit den Keksbröseln bestreuen. Nach Belieben mit Puderzucker bestäubt servieren.

Pfannkuchen mit drei Extras

Es gibt Leute, die würden für Pfannkuchen crêpieren. Ich mach die fluffigen Flach-männer lieber selbst kalt, auch wenn sie noch warm sind. An dieser Stelle noch eine wichtige Knop'sche Lebensweisheit: »Pfannen-Wender« und »Wannen-Pfänder« sind komplett unterschiedliche Dinge, können aber beide eine klebrige Angelegenheit werden.

ZUBEREITUNGSZEIT: *30 Min.*
FÜR 2 PERSONEN

FÜR DIE PFANNKUCHEN
20 g Butter
100 g Mehl
1 Prise Salz
125 ml Milch
2 Eier (Größe M)
Butter zum Backen

FÜR DAS ERDBEERMUS
150 g Erdbeeren
1 TL Himbeersirup
50 g Gelierzucker 3 : 1

FÜR DAS APFELKOMPOTT
350 g Äpfel
1 EL Rohrzucker

FÜR DIE NUSS-NOUGAT-CREME
2 EL Nuss-Nougat-Creme (oder mehr)

FÜR DEN TEIG die Butter zerlassen. Mehl, Salz und Milch mit dem Schneebesen oder Pürierstab glatt rühren. Eier und zerlassene Butter unterrühren und den Teig zugedeckt 30 Min. quellen lassen.

INZWISCHEN für das Erdbeermus die Erdbeeren waschen und ohne das Grüne in einem kleinen Topf mit dem Himbeersirup pürieren. Gelierzucker dazugeben, alles aufkochen und 4–5 Min. leise vor sich hin köcheln lassen. In ein Schälchen füllen.

FÜR DAS APFELKOMPOTT die Äpfel schälen, vier-teln und das Kerngehäuse entfernen. Die Viertel dann in schmale Spalten schneiden. In einem Topf 100 ml Wasser mit dem Rohrzucker aufkochen und die Apfelspalten 5 Min. darin köcheln lassen.

DEN TEIG noch einmal durchrühren. Etwas Butter in einer beschichteten Pfanne erhitzen, eine kleine Kelle Teig hineingeben und durch leichtes Drehen der Pfanne gleichmäßig verteilen. So nacheinander 6 Pfannkuchen backen. Fertige Pfannkuchen im Backofen bei 80° warm stellen und, wenn alle fer-tig sind, mit Erdbeermus, Apfelkompott und Nuss-Nougat-Creme servieren.

Himbeer-Mascarpone-Trifle

Dieses Dessert kann man gut schon einige Stunden vor dem Servieren zubereiten – es schmeckt dann sogar noch besser! Das Ganze klappt allerdings nur, wenn ich es vorher nicht in die Finger bekomme.

ZUBEREITUNGSZEIT: *20 Min.*
+ mindestens 1 Std. zum Kühlen
FÜR 2 PERSONEN

100 g Amarettini (italienische Mandel-kekse, ersatzweise auch andere Kekse)
50 ml frisch gepresster Orangensaft
150 g TK-Himbeeren
250 g Mascarpone
1 Päckchen Bourbonvanillezucker
3 EL Eierlikör (Prösterchen! ersatzweise Orangensaft)
1 EL Ahornsirup
2 EL grobe Schokoladenraspel (60 % Kakao)

AMARETTINI IN EINEN Gefrierbeutel füllen, wie ein Verrückter mit dem Handballen draufhauen und sie so grob zerkleinern. Die Brösel dann in zwei Dessertschälchen verteilen und gleichmäßig mit dem Orangensaft beträufeln.

DIE TIEFGEKÜHLTEN Himbeeren auf den getränkten Amarettinibröseln verteilen und ca. 10 Min. antau-en lassen.

INZWISCHEN den Mascarpone in einer Schüssel mit Vanillezucker, Eierlikör und Ahornsirup gründlich verrühren. Die Creme auf den Himbeeren verteilen und mit den Schokoladenraspeln bestreuen.

DIE DESSERTSCHÄLCHEN abdecken und bis zum Servieren in den Kühlschrank stellen, damit die Trifles mindestens 1 Std. durchziehen.

MAMA-MATZE-TIPP

Für die Weihnachts-version: Spekulatius und Mandarinen aus der Dose.

Süße Schupfnudeln mit Beerensoße

Für Naschkatzen … äh, ich meine natürlich: Für bengalische Königs-Nasch-Tiger wie mich ist das ja eher ein Hauptgericht. Kaum auf dem Tisch, fräse ich mich quasi in Sekundenschnelle durch beide Portionen.

ZUBEREITUNGSZEIT: *15 Min.*
FÜR 2 PERSONEN

200 ml roter Frucht-Smoothie
½ TL Speisestärke
150 g TK-Beerenmischung
2 EL Mandelblättchen
1 EL Rapsöl
250 g Schupfnudeln
(aus dem Kühlregal)
½ TL Puderzucker
½ Päckchen Bourbonvanillezucker

2–3 EL SMOOTHIE in eine kleine Schüssel geben und mit der Stärke glatt rühren. Restlichen Smoothie in einen Topf füllen und zum Kochen bringen. Angerührte Stärke einrühren, das Ganze erneut aufkochen und 1–2 Min. köcheln lassen, bis die Soße andickt. Dabei immer schön weiterrühren. Die TK-Beeren zugeben und ein drittes Mal aufkochen. Jetzt endlich den Topf vom Herd nehmen und die Soße zugedeckt ziehen lassen.

DIE MANDELBLÄTTCHEN in einer beschichteten Pfanne ohne Fett anrösten, bis sie goldbraun sind und zu duften anfangen. Dann schnell herausnehmen, sonst werden sie schwarz.

DAS RAPSÖL in der Pfanne erhitzen und die Schupfnudeln darin unter Wenden 5–6 Min. ebenfalls goldbraun braten. Puder- und Vanillezucker mischen und zum Schluss gleichmäßig über die Schupfnudeln streuen. Unter Wenden kurz bräunen lassen.

DIE SCHUPFNUDELN mit der Beerensoße auf zwei Tellen anrichten und großzügig mit den gerösteten Mandelblättchen bestreuen.

MAMA-MATZE-TIPP

Statt der Schupfnudeln kann man auch Gnocchi oder Spätzle aus dem Kühlregal verwenden.

DIE KORREKTE DOSIERUNG
DES KOCHWEINS?

Arme Ritter mit Weinschaumsoße

Diese besoffenen Rittersleute mit Weinschaum haben wir als Kinder schon pädagogisch wertlos verschlungen. Ich habe gehört, heutzutage darfst du das unter 18 gar nicht mehr. Verrückt, dabei schaffe selbst ich davon doch höchstens 17 Portionen.

ZUBEREITUNGSZEIT: *35 Min.*
FÜR 2 PERSONEN

FÜR DIE RITTER
2 alte Brötchen vom Vortag
2 Äpfel
1 EL Rosinen (nach Belieben)
50 ml Dosenmilch (oder 100 ml Milch)
1 Ei (Größe M)
40 g Zucker
abgeriebene Schale von ½ Bio-Zitrone
Butter für die Form und
die Flöckchen obendrauf

FÜR DIE WEINSCHAUMSOSSE
2 Eier (Größe M)
1 EL Zucker
1 gestrichener TL Stärkemehl
250 ml Weißwein
Saft und abgeriebene Schale
von ½ Bio-Zitrone

DEN BACKOFEN auf 200° vorheizen. Brötchen in Scheiben schneiden. Äpfel waschen, schälen, vierteln und die Kerngehäuse entfernen. Dann die Viertel in dünne Spalten schneiden. Eine Auflaufform buttern und die vorbereiteten Brötchen und Äpfel hineinschichten. Nach Belieben Rosinen dazwischenstreuen.

DOSENMILCH MIT derselben Menge Wasser (ersatzweise die Milch), dem Ei, dem Zucker und der Zitronenschale verrühren. Die Mischung über die Brötchen-Apfel-Schicht gießen. Das Ganze mit Butterflocken belegen. Den Auflauf für 20 Min. im heißen Ofen backen.

WÄHRENDDESSEN für die Soße einen Topf zu einem Drittel mit Wasser füllen und erhitzen. Eine passende Schüssel (am besten aus Metall) in den Topf hängen. Eier, Zucker, Stärkemehl, Weißwein, Zitronensaft und abgeriebene Zitronenschale mit einem Schneebesen darin verquirlen und unter ständigem Rühren über dem heißen Wasserdampf erhitzen, bis sie richtig schön schaumig-cremig ist. Dann die Schüssel aus dem Topf nehmen.

DIE »ARMEN RITTER« aus der Auflaufform auf Teller geben und mit Weinschaumsoße übergießen.

#Blueberry-Muffins

Immer mehr Blogger und Influencer wagen sich in digitalen Zeiten auch mal ans Kochen und Backen. So wie ich. Deshalb auch von mir ein exklusives Influencer-Rezept zum Nachbacken – mit Text zum Nachsprechen.

WAS IHR VORHER UNBEDINGT BESORGEN MÜSST:

*1 Kamerastativ
volle Akkus
125 g Heidelbeeren, Blaubeeren oder Blueberrys
150 g Mehl
2 TL Backpulver
1 Päckchen Vanillepuddingpulver
(für 500 ml Milch; zum Kochen)
1 Ei (Größe M) oder
2 kleine Eier (hihi)
150 g Schuggaaa (Zucker)
1 Prise Zimt
Salz
100 g Naturjoghurt (1,5 % Fett)
6 EL neutrales Öl
(z. B. Sonnenblumen- oder Rapsöl)
2 EL Zitronensaft
12 Muffin-Papierförmchen (aus dem Drogeriemarkt)*

ZUBEREITUNGSZEIT: *20 Min.
+ 20 Min. zum Backen*
**FÜR EIN MUFFINBLECH
(12 STÜCK)**

»HI, HIER IST eure/euer ………………………………… (hier euren Influencer-Namen einsetzen)! In diesem Tutorial zeige ich euch, wie ihr super-cute Blueberry-Muffins selbst zu Hause backen könnt.«

JETZT GEHT'S LOS. Einen guten Filter raussuchen, auf Aufnahme drücken und die Follower herzlich begrüßen. Erst dann mit dem Backen beginnen. Den Backofen auf 180° vorheizen. Im Selfie-Modus diese lustigen kleinen Papierförmchen in die Mulden des Muffinblechs setzen. Die Heidelbeeren verlesen, waschen und mit Küchenpapier vorsichtig trocken tupfen.

MEHL, BACKPULVER und Vanillepuddingpulver mischen. Ei, Schuggaaa, Zimt, Salz, Joghurt, Öl und Zitronensaft mit dem Rührgerät vermengen. In der anderen Hand die Handykamera halten und mit verspielten Gesten die Mehlmischung rasch unterrühren.

STATIV AUFBAUEN, weil jetzt je 1 knapper EL Teig in die Papierförmchen gefüllt wird. Hipster-Tipp: Vorher mit den Löffeln noch lässig irgendeinen Hit aus den aktuellen Charts trommeln. Oder den Löffel als Mikrofon nutzen, das kommt cute rüber. Die Heidelbeeren vorsichtig unter den übrigen Teig heben. Hier könnt ihr mit neckischem Blick und Zwinkern ins Handy auch mal eine Beere naschen. Die Mischung dann ebenfalls in den Förmchen verteilen. Im Ofen (Mitte) in ca. 20 Min. goldbraun backen. Die fertigen Muffins aus dem Ofen holen und 5 Min. im Blech ruhen lassen. Dann vorsichtig herauslösen und auf einem Kuchengitter komplett auskühlen lassen.

AND DON'T FORGET: The most important ingredient is: Love and Likes! Also: Setzt eure Herzchen und Likes unten in die Kommentarleiste! »Eure/Euer ……………………………………«

YUMMIE

SPLISH
SPLASH

Rezeptregister

Abkürzungen

EL = Esslöffel
TL = Teelöffel
ml = Milliliter
Msp. = Messerspitze
Min. = Minuten
Std. = Stunde

Über den Autor

Matze Knop ist einer der bekanntesten und beliebtesten Comedians im deutschsprachigen Raum. Der Entertainer und Parodist aus Lippstadt steht seit über 20 Jahren auf großen Bühnen und begeistert sein Publikum mit unverwechselbarem Humor und purem Optimismus. Bekannt und erfolgreich wurde Matze bereits Ende der 1990er-Jahre als Supa Richie, ehe er mit seinen Imitationen von Klopp, Beckenbauer und Luca Toni auch die Sportwelt eroberte. Der Grundstein für seine Liebe zum Fußball wurde schon in seiner Kindheit gelegt: Er wuchs im westfälischen Lippstadt auf, wo sein Vater Peter als Jugendtrainer von Borussia Lippstadt unter anderem die Rummenigge-Brüder Karl-Heinz und Michael trainierte. Matzes Medienkarriere begann mit einer Ausbildung zum Hörfunkredakteur bei Radio Bielefeld. Später moderierte er seine eigene Comedyshow auf Sat. 1 und er war regelmäßiger Gast in fast allen namhaften deutschen Unterhaltungsshows. Ob »Schlag den Star«, »TV total« oder »Wetten dass ..?«: Matze Knop lieferte stets die perfekte Show gepaart mit sympathischer Echtheit. Dabei zeichnet sich der gelernte Moderator vor allem durch Spontanität und Schnelligkeit aus. Aktuell tourt er mit seinem Stand-up-Liveprogramm »Willkommen in Matzeknopien« erfolgreich durch die Republik.

IMPRESSUM

© 2020 GRÄFE UND UNZER VERLAG GMBH, München

Alle Rechte vorbehalten. Nachdruck, auch auszugsweise, sowie Verbreitung durch Bild, Funk, Fernsehen und Internet, durch fotomechanische Wiedergabe, Tontrager und Datenverarbeitungssysteme jeder Art nur mit schriftlicher Genehmigung des Verlages.

Projektleitung: Simone Kohl
Lektorat: Sylvie Hinderberger
Layout & Umschlaggestaltung: independent Medien-Design, Horst Moser, München
Herstellung: Markus Plötz
Satz: Christopher Hammond
Reproduktion: Ludwig Media, Zell am See
Druck und Bindung: Firmengruppe Appl, Wemding

ISBN 978-3-8338-7283-9

1. Auflage 2020

Die GU-Homepage finden Sie unter www.gu.de
www.facebook.com/gu.verlag

Bildnachweis:

Cover: Stephan Pick, Köln
Fotoshooting: Stephan Pick, Köln
Weitere Bilder: Vivi d'Angelo: S. 89; Maria Grossmann/Monika Schürle: S. 95, 109; Andrea Kramp/Bernd Gölling: S. 145; Coco Lang: S. 26, 31, 36, 48, 51, 66, 68, 71, 73, 75, 76, 79, 85, 92, 99, 106, 119, 124, 135, 140, 143, 147, 162, 185; Jana Liebenstein: S. 112, 127, 129, 181; Jörn Rynio: S. 56, 58, 100, 137, 160; Wolfgang Schardt: S. 105, 115, 123, 148, 175; Ulrike Schmidt/Sabine Mader: S. 46, 61, 82, 121; Anke Schütz: S. 43, 132, 169; Maja Smend: S. 86, 156; Michael Wissing: S. 29, 35, 39, 41, 55, 65, 117, 153, 155, 165, 173, 179.